U0896533

含章文库

沉思录

［古罗马］马可·奥勒留 著

梁实秋 译

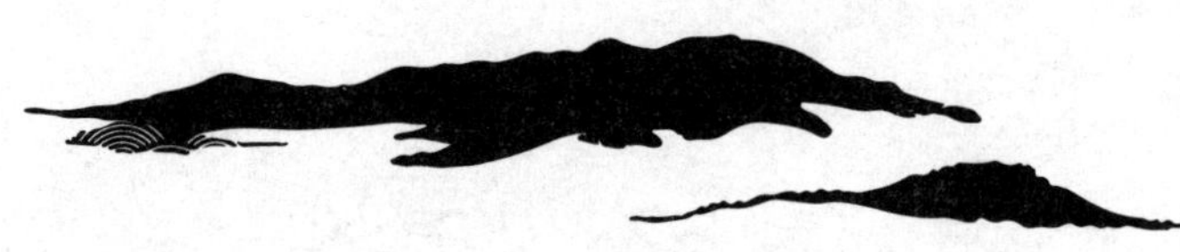

江苏人民出版社

沉思录
The Meditations

目录

Contents

译序

梁实秋

自古以来，有操守有修养的哲学家历代都不乏其人，位居至尊、叱咤风云的皇帝也是史不绝书的，但是以一世英主而身兼苦修哲学家者则除了马可·奥勒留外恐怕没有第二人。这位1800年前的旷代奇人于无意中给我们留下了这一部《沉思录》，我们借此可以想见其为人，窥察其内心，从而对于为人处世律己待人之道有所领悟，这部书不能不说是人间至宝之一。与这部书同一类型差可比拟的应推15世纪德国僧侣学者托马斯·坎佩斯（Thomas Kempis）所著之《效法基督》，但是以文笔之亲切动人和对人影响之深巨而论，后者与前者仍不能同日而语。我们中国的民族性，以笃行实践的孔门哲学为其根基，益以佛学的圆通深邃和理学的玄妙超绝，可以说是把宗教与伦理熔于一炉。这样的民族性应该使我们容易接受这一部斯多葛派哲学最后一部杰作的启示。译者对于此书夙有偏好，常常觉得这一位古罗马的哲人，虽然和我们隔有18个世纪之久，但开卷辄觉其音容宛在，栩栩如生，正如Renan于1881年所说：“我们人人心中为马可·

奥勒留之死而悲戚，好像他是昨天才死一般（Tous, tant que nous sommes, nous portons au coeur le deuil de Marc-Aurèle comme s'il était mort d'hier）。”确是大家共有的感想。1958年受林挺生先生嘱，移译此书，耗时逾年始克竣事，平生翻译以此书最为吃力，亦以此书为受益最多。今将付梓，爰将作者生平及有关资料略为叙述，以为读者之参考。

一、马可的生平

马可·奥勒留·安东尼（Marcus Aurelius Antoninus）于公元121年4月（26日，或6日，或21日）生于罗马。他的本来的姓名是Marcus Aurelius Verus，出自贵族家庭，据说是罗马第二任国王Numa Pompilius（前715—前672）之后裔。他的父亲Annius Verus是罗马的显宦，祖父（亦名Annius Verus）曾三度任执政官。马可不幸父母早故，由祖父抚养长大。幼时颖悟过人，深得当时皇帝Hadrian（76—138）之赏识，曾不呼之为Verus而昵称之为Verissimus（most truthful）。6岁时获骑士衔，8岁时为古罗马战神祭司。姑母Annia Galeria Faustina嫁给皇帝Hadrian的义子Titus Antoninus Pius，这一位姑父后即于138年继位为帝。姑父Antoninus无子，便以马可为义子，使改姓名为Marcus Aurelius Antoninus。这是他改名换姓之由来。

马可15岁时与姑父另一义子Commodus之姊Fabia订婚，至是解除婚约，与姑父母之女Faustina订婚。马可所受的教育不是学校教育，而是分别由私聘教师指导授业。

他主要的训练是斯多葛派哲学，所以他自幼即学习着过一种简单朴素的生活，习惯于吃苦耐劳，锻炼筋骨。他体质夙弱，但勇气过人，狩猎时擒杀野猪无惧色。对于骄奢逸荡之事则避之唯恐若浼。当时罗马最时髦之娱乐为赛车竞技，每逢竞技，朝野哄动，趋之若狂，甚至观众激动，各依好恶演成门户（Factione），因仇恨而厮杀打斗，对于此种放肆过分之行径马可不以为然，他轻易不现身于竞技场内，有时为环境所迫不能免俗，他往往故意借端于竞技不加正视，因此而备受讥评。

140 年，19 岁，擢升为执政官；145 年，24 岁，结婚；两年后，生一女。护民官之职位，及其他国家荣誉，相继而来。162 年，40 岁，Antoninus Pius 卒，马可即帝位。他的第一件措施就是邀他姑父另一义子 L. Ceionius Commodus（后改名为 Lucius Aurelius Verus）与他共理国事，虽然这一举措是很受元老院反对的。马可的用意是训练他为将来继承大位做准备。

马可即位后就遭遇到战端四起的威胁。首先是 162 年战云起自东方。Parthia 的 Vologesses 倡乱，击溃了一整个罗马军团，侵入了叙利亚。Lucius Verus 奉命率军征讨，乱虽平而 Verus 酗酒荒淫大失风度。在北方的边境亦复不靖，Marcomanni 或 Marchmen，以及 Quadi、Sarmatians、Catti、Jazyges 诸族皆叛。在罗马本境，由于 Verus 所部自东方带来疾病及洪水泛滥，疫疠饥馑蔓延不休，民穷财尽，局势日非。马可被迫出售私人所藏珠宝，筹款赈灾。此种困窘情形，于马可在位之日，一直继续存在。内忧外患，交相煎迫。Verus 卒于 169 年。马可率军亲征，北部诸族均被制伏，其统军有方固足称道，而知人善任亦是他迭奏肤功的一大原由。其间战果辉煌，最能彪炳史册的是 174 年与 Quadi 族作战时几濒于危，赖雷雨大作使敌人惊散转败为胜之一役，史称其军队为“Thundering Legion”，云。马可率军深入日耳曼时，东方又起变化，东部诸省总督 Avidius Cassius 自恃战功，阴萌异志，175 年误信马可病死之讯，遂自立为帝。马可甚为痛心，不欲引起内战，表示深愿让位以谢，和平解决。马可尚在人间之消息传到东方，局势突变，叛军将领纷纷倒戈，不出三月 Cassius 竟被部下刺死。马可亲至东方，叛军献 Cassius 之头，马可怒，不予接受，并拒见其使者。马可说：“我很遗憾，竟不得饶恕他的机会。”并赦免其遗族不究。宽宏大量，有如是者。行军途中，妻死。176 年，凯旋还都。未几又赴日耳曼作战，虽然所向皆克，体力已不能支，180 年 3 月 17 日逝于多瑙河边之 Pannonia 省，享年 59 岁。

作为一个军人，马可是干练的，武功赫赫，可为佐证。作为一个政治家，马可是实际的，他虽然醉心于哲学，并不怀有任何改造世界的雄图；他承袭先人余烈，尽力守成，防止腐化。他也做过蠢事，例如提携 Verus 共理国事便是一个行不通的办法。他在统治期间权力稍嫌过于集中，其长处是为政力求持平，他用法律保护弱者，改善奴隶生活，蔼然仁者之所用心。在他任内，普建慈善机关，救护灾苦民众，深得人民爱戴。论者尝以压迫基督教徒一事短之。迫害耶教之事，确曾数见不鲜，而且显然不是未得马可之默许，如 Justin 之在罗马，Polycarp 之在 Smyrna 以及各省之若干笃信耶教者，皆壮烈殉教。近人尝喜多方为之开脱，不是说马可误信谗言，便是说马可中心思想实与耶教异曲同工，其实这都是不必要的。在他那时代，他的地位，他压迫异教是正常的态度，不是罪恶，思之似不必更下转语。

二、马可的哲学思想

马可的《沉思录》是古罗马斯多葛派哲学最后一部重要典籍。于此我们有对斯多葛派哲学（Stoicism）的纲要及马可的思想略加阐述之必要。

斯多葛派哲学的始祖是希腊的芝诺（Zeno），他的生卒年月不明，大概是公元前350年至公元前250年之际。他生于塞普洛斯岛，这岛位于东西交通线上，也可说是一个东西文化的接触点。东方的热情，西方的理智，无形中汇集于他一身。他受业于犬儒学派的Crates of Thebes，又复潜心于其他学派的研究。旋于雅典市场的书廊（Stoa）上设帐教学，故称为斯多葛派哲学之鼻祖。此派哲学之集大成者为Chrysippos（前280—前207）。

斯多葛派哲学特别适合于罗马人的性格。罗马人是特别注重实践的，而且性格坚强，崇尚理性。Seneca、Epictetos与马可是此派哲学最杰出的三个人。马可受Epictetos的影响甚大，从这部《沉思录》可以看出来。斯多葛派哲学可以分为三个部门：物理学、论理学、伦理学。这一派物理学的内容，简言之，即是唯物主义加上泛神论。与柏拉图之以理性概念为唯一的真实存在的看法正相反，斯多葛派哲学家认为只有物质的事物才是真实的存在，但是在物质的宇宙之中遍存着一股精神力量，此力量以不同的形式而出现，如火，如气，如精神，如灵魂，如理性，如主宰一切的原理皆是。宇宙是神，人民所崇奉的神祇只是神的显示，神话传说全是寓言。人的灵魂也是从神那里放射出来的，而且早晚还要回到那里去。主宰一切的神圣原则即是使一切事物为了全体的利益而合作。人的至善的理想即是有意识地为了共同利益而与天神合作。讲到这一派的哲学，又含有两部门，一是辩证法，一是修辞学，二者都是一切思考的工具。马可对于这二者都不感兴趣，犹之对于物理学部门中之气象学不感兴趣一般，他感兴趣的是伦理学方面。据斯多葛派哲学，人生最高理想即是按照宇宙自然之道去生活。所谓“自然”，不是任性放肆之意，而是上面所说的“宇宙自然”。人生中除了美德便无所谓善，除了罪恶之外便无所谓恶。所谓美德，主要有四：一是智慧，所以辨识善恶；二是公道，以便应付悉合分际；三是勇敢，借以终止苦痛；四是节制，不为物欲所役。外界之事物，如健康与疾病，财富与贫穷，快乐与苦痛，全是些无关轻重之事，全是些供人发挥美德的场合。凡事有属于吾人能力控制范围之内者，有属于吾人不能加以控制者，例如爱憎之类即属于前者，富贵尊荣即属于后者，总之在可能范围之内须要克制自己。人是宇宙的一部分，所以对宇宙整体负有义务，应随时不忘自己的本分，致力于整体的利益。有时自杀也是正当的，如果生存下去无法尽到做人的责任。

马可并不曾努力建立哲学体系，所以在《沉思录》里我们也不必寻求一套完整的哲学。他不是在做哲学的探讨，他是在反省，他是在表现一种道德的热诚。他的这部著作不是准备藏诸名山传之后人的，甚至根本没有预备供人阅览。不过这部书的第一卷，却很像有意后加上去的。

斯多葛派哲学最近于宗教。罗马的宗教是简陋的、世俗的，人民有所祈求则陈设牺牲匍匐祷祝，神喜则降福，神怒则祸殃。

真正的宗教信仰与热情，应求之于哲学。马可于书中对于生死大事反复叮咛，与佛家所谓“死生事大，命在须臾”之说若合符节。不过马可不信轮回不信往生，不但与佛说殊，抑且与基督教迥异其趣。

三、关于沉思录的版本

这部作品当初如何流传下来的，已不可考。从引证看，可以确知其作者为罗马皇帝马可·奥勒留。稿本可能是他的女婿 Pompeianus 或他的好友 Victorinus 所保藏起来的。在历史上可考的最先述及此书的记录见于 350 年哲学家 Themistius 的讲演录。此后 550 年间此书默默无闻，直到 900 年左右一位署名 Suidas 编的字典从《沉思录》取用了约 30 条引录，这才证实原稿尚在人间。同时一位小亚细亚 Callpadocia 地方的主教 Arethas 提到此书，并且以其抄本送给他的大主教。此后 250 年又趋沉寂，后君士坦丁的一位公法学者 Tzetzes 曾加引录。再过 150 年（1300 年）教会史家 Nicephorus Callistus 提到马可“曾给他的儿子留下一部书，充满了世故智慧”（参看本书卷三第 14 节）。同时君士坦丁一僧人编历代作家选集，内含 44 段引录《沉思录》的文字。现在的主要抄本，一是宫廷本（Codex Palatianus），于 1558 年由 Xylandor 刊印，抄本已轶；一是教廷本（Codex Vaticanus，1950），这都是完整的，后者仅缺四十二行。此外尚有数种残缺抄本，没有多大用处。

译本甚多，曾译成拉丁文、英文、法文、意大利文、德文、西班牙文、挪威文、俄文、捷克文、波兰文、波斯文等。在英国一处，17 世纪时刊行了 26 种版本，18 世纪时 58 种，19 世纪时 82 种，20 世纪截至 1908 年已有 30 种。（参看 1908 年 J. W. Legg. *A Bibliography of the Thoughts of Marcus Aurelius*.）英文译本主要的如下：

（一）Méric Casaubon 译本，刊于 1634 年。Everyman's Library 即后用此译本。这是最初的译本，文笔繁复，近于意译。1900 年 W. H. Q. Rouse 重编本，附加马可与 Fronto 信函若干通。

（二）Jeremy Collier 译本，刊于 1701 年。近 Camelot Series 采用此译本。文笔嫌过于俗鄙，一般批评均贬多于褒，唯 Matthew Arnold为文介绍马可时对此译本颇加誉扬，以为其文笔活泼有力。

（三）James Moor and Thomas Hutcheson 合译本，刊于 1742 年。近于直译，信而不雅。1902 年，G. W. Chrystal刊有修订本，颇佳。

（四）Richard Graves 译本，刊于 1792 年，无特长。

（五）George Long 译本，刊于 1862 年，常被誉为“标准译本”，流通最广，在四十年间独步一时。文笔近于拙朴，是译者故意模仿马可原文作风所致。

（六）Hastinss Crossely 译本，刊于 1882 年，仅刊第四卷，余稿未刊行。

（七）G. H. Rendall 译本，刊于 1898 年。许多批评家认为是最佳译本，信雅兼备。

（八）John Jackson 译本，刊于 1906 年，牛津大学出版。译笔极佳，惜有大胆窜改处。

（九）C. R. Haines 译本，刊于 1916 年，有希腊原文对照，收入 Loeb Classical Library 。

以上九种译本，译者手边仅有四种，即（一）、（五）、（八）、

(九)共四种。经参阅后，决定选用 Haines 的对照本为根据，因为这一译本比较而言最忠于原文，最能保持原文的面貌。可能 Long 和 Jackson 译笔较为流畅，但是翻译古典作品还是应以忠实为第一义。Haines 自己说："我情愿犯错，如果算是错，错在过于忠实方面。因为此书之面貌大部分是由于其文笔所造成。"马可的文笔确实是相当朴拙。书中前后重复之处甚多，句法有时奇简，意义有时不甚清晰。此中文译本亦曾妄想努力保持原作风格，但由英文转译，与"含饭哺人"犹有一间，能存几许原作风味，殊不可知，译成重校，不禁汗颜。幸原书价值具在，过去曾感动无数读者，如 Frederick the Great、Maximilian of Bavaria、Cap. John Smith、General Gordon 均曾受其影响甚巨。此中文译本如能引起读者兴趣，成为人格修养之借镜，则是我所企望的。

卷一

01

从我的祖父维鲁斯我学习了和蔼待人之道，以及如何控制自己的情感。

> 马可·奥勒留的这部著作不是准备藏诸名山传之后人的，甚至根本没有预备供人阅览。试想，1800多年前的罗马帝国的皇帝，以皇帝之尊而成为苦修的哲学家，并且给我们留下这样的一部书真是奇事。《沉思录》可说是对世界有重大影响的少数几部书之一，可称得是爱默生所谓的“世界的书”。不过这部书的第一卷，却很像是有意后加上去的。
>
> ——梁实秋批注

02

从别人对我父亲的称赞和我自己对他的回忆中[①]，我学习了谦逊和勇敢。

---

① 其父死于公元136年之前。其祖父死于138年，享年近90岁。

03

从我的母亲我学习了敬畏上帝，慷慨；不仅是不肯为恶，甚至不起为恶的念头；并且进一步，过朴实的生活，摒绝一切富贵之家的恶习。

04

是我的曾祖送我进了公立学校，给我延请优秀的家庭教师，并且指示我在求学方面不惜斥用巨资。

05

我的教师[①]训导我：不要在竞车场中参加拥护蓝背心一派或绿背心一派，也不要在比武场中参加拥护那轻盾武士或重盾武士；不要避免劳苦，要减少欲望，凡事要自己动手做，少管别人的闲事，不可听信流言。

06

戴奥格奈特斯训导我：不要关心琐细的事情；不要听信奇迹贩子与巫师们所说的有关驱鬼符咒的话，以及类似的怪话；不要养鹌鹑，不要对类似的游戏发生兴趣；听了别人的直言不要愠怒，要勤修哲学，先研读 Baccheius 再诵习 Tandasis 与 Marcianus；从幼时即练习写对话；并且喜欢小木床、羊皮以及其他一切与希腊苦攻哲学有关的事物。

戴奥格奈特斯所说的奇迹贩子与巫师们，显然是指基督教徒而言，因为当时的基督教徒们常自诩能驱魔鬼。此外，戴奥格奈特斯还教过奥勒留画画。

——梁实秋批注

① 教师姓名脱落。可能即是下面第 10 节中之亚历山大。

07

由于拉斯蒂克斯，我才注意到我的品格有改进与锻炼的必要；不要误入诡辩的邪途；不要写空疏的文字，不要做老生常谈，不要装作为一个健者或无私的人；要避免修辞、诗歌与绮丽的文辞；不要穿着长袍在屋里踱来踱去，以及类似的荒谬举动；写信不要装腔作势，要写得像他自己从 Sinuessa 写给我的母亲的那封信的样子；对于那些容易发脾气冒犯人的人们，要随时准备和平相处，并且如果他们有意悔过知返，要半路迎上去；读书要细心，不可粗枝大叶不求甚解；对于每一个鼓舌如簧的人，不可太快地表示同意；最后，由于他，我才得读到埃皮克提图的《回忆录》，这本书是他从私人庋藏中拿出来借给我的。

> 马可·奥勒留接受的主要训练是斯多葛派哲学，所以他自幼即学习着过一种简单朴素的生活，习惯于吃苦耐劳，锻炼筋骨。他体质夙弱，但勇气过人，狩猎时擒杀野猪无惧色。对于骄奢逸荡之事则避之唯恐若浼。当时罗马最时髦之娱乐为赛车竞技，有时为环境所迫不能免俗，他往往故意借端对于竞技不加正视，因此而备受讥评。
>
> ——梁实秋批注

08

从阿波娄尼阿斯我学习了自持自立的精神和坚定不移的决心，任何事都不听从运气；除了理性之外，绝不仰仗任何东西；在急剧的苦痛中，纵然是一个孩子的夭殇[1]，或是疾病缠身，也永不改变常

①M. Annius Verus在169年夭折，年7岁，长子在147年生后不久即殇。奥勒留处之泰然。

态；我看出他本身就是一个活的榜样，一个人可以是很威严猛厉，同时也是很柔和，诲人从不知倦；我还看出，他有实际经验，讲起道来从容不迫，但他从不认为这是他的特长；我还学得了如何接受朋友们的恩惠，既不可因此而丧失自尊，亦不可漠然地视为事之当然。

09

从塞克斯特斯[①]我体会到一个和善的性格，一个家长控制下的家庭；合于自然之道的人生观；严肃而不虚矫；随时小心照顾到朋友们的利益；对于没有知识的人和不讲理的人能够容忍。

他善于适应，和他在一起比听受阿谀还令人愉快，同时与他交往接触的人无不对他极度钦仰；对于人生的基本原则之如何发掘、如何安排，他有把握，他有办法。

他从不表现出愠怒或其他的情绪，而是完全超出情绪的影响之外，永远是和蔼可亲；对人赞美而不誉扬过分，饱学而不炫弄。

10

从文法家亚历山大[②]我学习了避免挑剔别人的错；别人谈吐中用了粗鄙的字眼，或不合文法，或发音错误，都不要公然指责，要在回答的时候巧妙地正确地使用那个词句，或是作为同意他的意见而重复使用一次那个词句，或是作为共同研究那一件事而不是推敲某一个字，或是采用其他的委婉而不伤人的方法来提醒他。

11

从佛朗图，我注意到一个暴君所惯有的猜忌、狡诈与虚伪；并

---

① 系普鲁塔克之孙。

② 亚历山大（Alexander of Cotiaeum）享高年，145 年在罗马，曾下榻宫中。

且一般讲来，我们所谓贵族阶级都缺乏慈爱的天性。

文中提到的佛朗图（M. Cornetius Fronto）是修辞家、辩护士，于142年任执政官。他和奥勒留关系亲密，现存两人信函若干封。亚历山大（Alexander the Platonist）于174年奉奥勒留之召赴Paunonia，任奥勒留的希腊文秘书之职。

——梁实秋批注

12

从柏拉图主义者亚历山大，我学习到——在不必要时不可常对任何人说，或在信里说："我太忙了！"也不可以此为借口而逃避我们对人应尽的义务。

13

从卡特勒斯[①]，我学习到——一个朋友若是对你有怨言，纵然是无理取闹，亦不可忽视，要使他回复平素的友谊；提起别人的师长，要怀有衷心的敬意，就像Domitius当年提起Athenodotus时那样；看见别人的孩子时，由衷地喜爱。

14

从我的兄弟塞佛勒斯，我学习到对家庭的爱，对真理的爱，对公道的爱，并且（多亏了他）得以结识Thrasea、Helvidius、Cato、Dion、Brutus；我从他学习到所谓一个国家，即是根据个人平等与言论自由以制定一套法律，适用于所有的人；所谓君主，其最高理想乃是人民的自由。我从他还学习到对于哲学能坚定不移地加以尊

① 一位斯多葛派的苦修者。

重；随时帮助别人，热心施舍，保持乐观，信任朋友的善意，有人前来请益，他是绝对地坦白直言；他之所好所恶，他的朋友们无须猜测，他说得明明白白。

15

从玛克西摩斯，我学习到自制和立志坚定；在病中，以及在其他一切情况中，保持愉快的心境；要有一个严肃与和蔼妥为配合的性格；做点什么事情不要口出怨言。

他使得人人都相信他是心口如一，他无论做什么事都非出自恶意。他遇事不慌，临事不惧，从容不迫但亦不拖延，从不手足失措，从不沮丧，从不强作笑容，更从不发脾气或是猜疑。

他为善不倦，慈悲为怀，诚实无欺；他给人一个印象，他是一个根本不会旁出斜逸的人，也不是一个被强纳入正轨的人；在他面前没有人会觉得自己被他藐视，甚至会觉得自己比他还强；在适当范围内他和人谈笑风生。

16

从我的父亲，我学习到一团和气；主意打定之前仔细考虑，主意打定之后坚决不移，对于一般人所谓的尊荣并不妄求，但爱实事求是地工作；为了公共的利益，虚心听取别人的意见，毫不迟疑地给每个人应得的报酬；靠经验，他知道什么时候该坚持，什么时候该放松，他压抑了一切的青春的欲望。

他待人的精神也是可称道的——从不强邀朋友们陪他吃晚饭，也不强邀他们陪他出去旅行，凡因故不能陪他的人，在他归来之后都觉得他并未稍存芥蒂；在会议中他总是殚思竭虑，负责认真；他遇事追根究底，从不以肤浅的印象为满足；与朋友交，既不厌倦亦不狎昵；应付任何事变，均能镇定自持不改平常的风度；他对事有远见，最琐细处亦照顾周到而不故作夸耀。

他在位时不准人对他公开赞扬或做任何阿谀；处理国事，忘寝废食；公事支出则力求撙节，因此而蒙受指责亦所甘愿。在宗教上他不迷信，对人他不沽名钓誉，更不媚世取容。是的，他对一切都是冷静而坚定，从无失态之处，亦不喜花样翻新。

命运之神赐给他的生活上的享受，他一概接受，既不得意扬扬，亦不觉受之有愧，有得享受的时候尽量享受，视为当然，没得享受的时候亦不觉得遗憾；没有人能訾评他犯有诡辩、戏谑或卖弄学问的毛病，他之为人是成熟的、完善的、不受阿谀的，能自治亦能治人。

此外，他对真正的哲学家有高度的敬爱，对冒牌的哲学家亦不加谴责，不过慎防被他们诱入歧途；他不拒人于千里之外，言谈自如而不令人生厌；他合理地注意身体健康，并不是过度地贪生，也不是过分地注重外表，不过是不肯过于忽略身体，所以他很少时候需要乞灵于医药。

对于有特殊才能的人，例如擅长雄辩、精通法律伦理等等的人才，他一律推许，毫不嫉妒，并且积极支持他们，使他们能获得其应得的荣誉；他忠于国家的传统体制，但不矫揉造作，令人感觉他是在遵守古法。

他不善变，更无举棋不定的毛病，而是专心致志，绝不旁骛；他于剧烈头痛发作之后，立刻照常工作，而且是格外勤奋努力；他事无不可对人言，很少有秘密，亦不常有秘密，偶然保持秘密也只是政治方面的秘密；他对于公共娱乐、公用建筑以及公款的分配，都处理得头头是道，做该做的事而并不顾到虚名。

他并不随时沐浴；不喜欢大兴土木；对于饮食、服装的质料与颜色，以及奴仆是否面貌姣好，他都不大理会；他的长袍是在海滨别墅 Lorium 做的，他的大部分供应是来自 Lanuvium。我们知道，在 Tusculum 税吏向他道歉时他的态度是什么样子，他的日常行径大抵如是。

他既不鲁莽亦不骄横，做事从容不迫，永无汗流浃背的狼狈之状；每件事都是一人独处考虑，好整以暇、平心静气、有条不紊，勇敢而坚定。人们评价苏格拉底的话同样地可以适用于他，那便是：有许多事他可以享受亦可以禁绝，但一般普通人则只是贪求而不能禁绝。“享受而不逾度，禁绝而不以为苦”，正是完美的坚强的意志之表现，在玛克西摩斯病时他所表现的亦正是如此。

> 马可·奥勒留幼时颖悟过人，深得哈德良皇帝(Hadrian, 76—138)之赏识，曾不呼之为Verus而昵称之为Verissimus (most truthful)。之后，哈德良皇帝认安东尼·派厄斯为养子，作为皇储，条件是后者认马可·奥勒留和L.维鲁斯为养子和继承人。此处奥勒留所指“父亲”即安东尼·派厄斯。
>
> ——梁实秋批注

17

感谢上天，给了我好的祖父们[1]，好的父母，好的姐姐，好的教师，好的伴侣、亲戚、朋友——几乎全都好，我从没有冒犯过他们任何人，虽然我的天性也很乖张，遇到机会也难免于这种过失，但是上天安排得好，我从未遭遇这种考验的机会。

由我的祖父的妃子养育我的时间幸而不算太久，我长久地保持了青春的节操；在未到适当时间之前未曾试过女色，实际上是向后展延。

我幸而有严父督责，使我免于一切的虚骄，教导我住在宫廷里面可以摈除卫士、灿烂的服装、执火炬者、雕像及其他类似的铺张，一个国王也可以屈尊纡贵，降到几乎和普通平民平等的地步，

---

① 指 M. Annius Verus 及 P. Calvisius Tullus。

在执行政务的时候，并不至于因此而有失尊严体统。

我又幸而有这样的一个弟弟，他的品行足以提醒我随时检点自己，同时他对我的敬爱也使我甚为愉快，我的孩子们也都不愚笨，体格也没有缺陷。在修辞、诗歌及其他各科，我没有较大的成就，如果在这一方面获有长足进展，很可能我会沉溺其中；我很迅速地把我的教师们擢升到他们所希冀的高位，并不曾因为他们年事尚轻便加以推托，徒使他们空怀希望。我又幸而获识阿波娄尼阿斯、拉斯蒂克斯、玛克西摩斯。

> 这里提到的弟弟即L.维鲁斯（Lucius Aurelius Verus），奥勒留的养弟，后来的共治皇帝，也是奥勒留的女婿。文中提到的阿波娄尼阿斯（Apollonius）是著名大文法家，别号“坏脾气的人”。拉斯蒂克斯（Junius Rusticus），斯多葛派哲学家，被奥勒留两度委派为执政官。克劳狄乌斯·玛克西摩斯（Claudius Maximus），斯多葛派哲学家、牧师。奥勒留经常和他们讨论斯多葛哲学。
>
> ——梁实秋批注

合于自然之道的生活，其真义所在，我常能清晰地领悟；所以讲到神祇以及他们的福佑、暗助与意向，均不阻碍我立即实行合于自然之道的生活；我如今未能达到这个理想，是由于我自己的错误，也是由于没有听取神祇的提醒，不，几乎是告诫。

我的躯体幸而能维持我的生存如是之久；我从没有接触过Benedicta或Theodotus[①]，以后有过一次陷入情网，但是我又得到了解脱；我和罗斯蒂斯克常有龃龉，但是我从没有做下什么日后悔恨

---

①Benedicta是Hadrian的妃子，Theodotus是Hadrian的宠仆。

的事；我的母亲[1]，虽然死得早，她最后的几年是和我在一起的。

凡是有人发生经济困难，或需要其他的帮助，我总是不吝予以援手，从没有一次发觉手边没有钱；我自己也从来没有接受别人帮助的需要。我幸而有一个贤妻[2]，如此的柔顺，如此的亲爱，如此的朴素，我的孩子们也不缺乏良好的教师。

靠了梦中的指示我治愈了吐血、头眩的毛病，就像解决了其他的疑难一般；在 Caieta 也有过这种灵验，“你需要如此做”。我要攻读哲学的时候，没有落在一个诡辩者的手里，也没有只是坐在书桌旁边变成一个分析三段论的人，也没有忙着研究自然界现象。上述的这一切，若没有神祇眷顾或命运亨通，是不可能办到的。

作于阿奎肯，时正在与夸地族人战争中。[3]

①奥勒留的母亲Domita Lucilla乃P. Calvisius Tullus之女，卒于156年，约五十岁。当时奥勒留刚三十五岁。

②Faustina。

③这一行字表示卷一终，不是卷二始。

卷 二

01

每日清晨对你自己说：我将要遇到好管闲事的人、忘恩负义的人、狂妄无礼的人、欺骗的人、嫉妒的人、孤傲的人。他们所以如此，乃是因为不能分辨善与恶。但是我，只因已了悟那美丽的“善”的性质，那丑陋的“恶”的性质，那和我很接近的行恶者本身的性质——他不仅与我在血统上同一来源，而且具有同样的理性与神圣的本质，所以我既不会受他们任何一个的伤害（因为没人能把我拖累到堕落里去），亦不会对我的同胞发怒而恨他；我们生来是为合作的，如双足、两手、上下眼皮、上下排的牙齿。所以彼此冲突乃是违反自然的，表示反感和厌恶便是冲突。

二十年前偶然在一本《读者文摘》上看到这段补白：“每日清晨对你自己说：我将要遇到好管闲事的人、忘恩负义的人、狂妄无礼的人、欺骗的人、骄傲的人。他们所以如此，乃是因为他们不能分辨善与恶。”这几句话很使我感动。这是引自马可·奥勒留的《沉思录》。这一位1800多年前的罗马皇帝与哲人，至今存在于许多人心里，就是因为他这一部《沉思录》含有许多深刻的教训，虽不一定字字珠玑，大部分却发人深省。

——梁实秋批注

02

我之所以为我，不过是一堆肉、一口气和一股控制一切的理性。丢开你的书本！不要再被书本所困惑，那是不可以的。要像一个垂死的人一般，轻视那肉体——那不过是一汪子血、几根骨头、神经和血管组成的网架。再看看那一口气，究竟是什么东西——空气而已，还不是固定的一口气，每分钟都要呼出去，再吸进来，剩下来的是理性；要这样想：你是个老年人了，不要再做奴隶，不要再做被各种私欲所牵扯的傀儡，不要再令他怨恨现世的命运，并且恐惧未来的命运。

03

神的安排都充满了神意，就是命运的播弄也不是脱离自然的，也不能脱离由神意支配着的安排与编插。一切都是由神意而来；不过“必然性”以及“整个宇宙的福利”（而你只是其中的一小部分），也是有其作用的。整个的自然之所产生的，整个的自然之所进行维系的，对于自然之各个部分亦必有利。但是宇宙之保全则有赖于变化，不仅是元素的变化，且扩及于由元素复合而成的事物之变化。这样的想法对你是很充分足够的了，如果你引为原则来看待。放弃对书本所抱的渴望吧，以便死时了无遗憾，而能从容不迫从心底里感谢天神。

04

要记取，你已经拖延了多么久，神多少次给你宽限，而你并未加以利用。现在可该明白了，你不过是其中一部分的那个宇宙究竟是怎样的一个东西，你不过是赖其普护而始获得生存的那个宇宙之主宰究竟是怎样的一个东西，你的时间是有限期的，如果你不用以照耀你的心灵，时间便要逝去——你也要跟着逝去——良机一去不可复回。

05

随时下决心，像一个罗马人、像一个大丈夫似的那样坚定，无论做什么事，都要小心翼翼，严肃而不虚矫，要怀着慈悲、自由与公道，不可稍存其他的念头。你可以做到这一点，如果你在一生中做每一件事都像是做最后一件事一般，避免一切粗心大意，避免一切违反理性的感情激动，避免一切虚伪、自私，以及对自己一份命运的抱怨。你要知道，为了度过平静的一生——和神一般的一生，一个人需要具备的条件是如何的少；只要他遵守这些条件，神对他也不会再多所要求。

这样的决心说明奥勒留是一个顺应命运安排的人，虽然他痴迷哲学但依然完美履行了自己的责任。140年，奥勒留被擢升为执政官，147年，任护民官之职位，其他国家荣誉随之相继而来。

——梁实秋批注

06

我的灵魂，你慢待了自己，而你荣耀自身的时机已一去不返。每个人都只有一次生命，你的生命已日薄西山，你却仍不观照自身，而是将幸福寄予别的灵魂。

07

身外的事烦扰你吗？忙里偷闲去再学习一些好的事物吧，不要再被外物牵惹得团团转。不过要当心别陷入另一错误，终生苦苦追求而漫无目标，每一个冲动甚至每一个念头都茫无指归，那些人也是儿戏无聊的人。

08

如果不管别人心灵里进行着的是什么事，一个人便很难得不快乐；但是如果不密切注意自己心灵的活动，则必定是不快乐的。

09

这一点必须要记住：整个宇宙的性质是什么？我的性质是什么？二者之间有何关系？我是怎样的一个整体中的一个怎样的部分？没有人能妨碍你，令你在“言与行”方面不与自然协调，而你正是那自然的一部分。

10

提欧弗拉斯特斯在做恶行的比较时——就一般通俗的说法，此种比较是可以做的——曾按真正的哲学的精神说，由于欲望而产生的过错比由于愤怒而产生的过错更为可厌。因为激于愤怒的人之违反理性，好像是很苦痛的，不自觉地良心不安；但是由欲望而犯过错的人，被快感所挟持，好像是在做错事之际有一点较为放纵、较为缺乏男子气的样子。他又以哲学家的身份说，很明确的，与快感有关联的过错，比起与苦痛有关联的过错，应受更严厉的谴责；并且，一般而论，一个人先受了委屈，被苦痛所驱使而生愤怒，总还有一点男子气概，至于由欲望而入邪途的人，则是自作孽了。

提欧弗拉斯特斯（Theophrastus）是亚里士多德

的门徒，继亚里士多德为Lyceum的主讲，在哲学及博物方面著述甚丰。文中他这样比较不合于斯多葛派哲学之主张，因为该派主张过错无等级之分。

——梁实秋批注

11

你的每一桩行为、每一句话、每一个念头，都要像是一个立刻就能离开人生的人所发出来的。离开人世，如果是有神，这并不可怕，因为神不会引你入于邪恶。如果根本没有神，或者神不管人间事，那么生存在一个没有神或没有神意的宇宙又有何益呢？不过神的确是有的，并且他们是管人间事的；他们已经赋给人类以力量，令他不致堕入邪恶。即使死后还有邪恶，他们亦已有所准备，使每一个人都不致堕入邪恶。神不使人变恶，怎会使人的生活变恶呢？整个宇宙绝不会因愚昧而生疏忽，并且一旦发觉有何疏失，亦必有力量去防御或纠正之；亦不会因蠢笨无能而造成重大过失，以至令善与恶的报应毫无差别地同样落在好人或坏人的头上。不过死亡与生命，尊荣与耻辱，苦痛与快感，财富与贫穷，的确是无分善恶，是人人所不能免，其本身是既不体面亦不可耻，所以那便无所谓善或恶。

12

一切的事物消逝得多么快，他们的形体消失在这宇宙里，在永恒中他们亦很快地被遗忘，那一切的感官方面的事物，尤其是那些用快感诱惑我们的，或用苦痛威吓我们的，或被虚荣所艳羡的——多么无价值、可鄙、龌龊、短暂、无实——这都是我们应该运用智慧加以体认的。还有，那些靠着言谈见解而博得声誉的人们究竟算得是什么人？死究竟是怎么回事？如果一个人把死参究一下，靠理性的分析把那虚幻的恐惧撇开，他便会觉得那不过是自然的运行而已。如果一个人被自然的运行所吓倒，他便是童騃；须知这不仅是自然之运行，亦正是自然之有益的措施。还要知道，人是如何地与神接触，用他自己的哪一部分和神接触，在什么情况之下，人的这一部分才能与神接触。

13

世上最可怜的莫过于那种人，苦苦地要研讨一切事物，甚至如诗人[①]所说，"钻研到土底下的东西"，并且还要猜想别人心里的事。殊不知他们需要的，只是如何体认并且供奉他内心的神明。所谓供奉即是保持其纯洁，勿使沾染一点"热情"、"轻率"，以及对于从神或人们而来的任何事物的"不满"。因为凡是由神那里来的必是极好的，值得我们尊敬；从人们那里来的亦属同类，值得我们爱，有时候在某种状态之下，还值得我们同情，由于他们不能分辨善恶——这是和不能分辨黑白一样严重的缺陷。

14

纵使你的生命可以延展三千年，甚至三万年，要知道一个人只能死一次，也只能活一回；所以，顶长的寿命和顶短的都是一个样。因为所谓"现在"，对大家是一样长的，我们所丧失的根本便不是我们的，所以我们所放弃的显然只是很短暂的一段时间而已。所以有两件事要记取：第一，自亘古以来一切事物都是在同一模型里铸造出来的，然后一遍一遍地重复翻演，所以一个人在一百年间或二百年间或永恒不变地看同样的事物演来演去，实在是没有差别的。再一件事便是：长寿的与夭折的人所放弃的是一样的多；因为一个人所能被剥夺的只有"现今"，事实上只有这个是他所有的，而他所没有的东西，他当然也不会失掉。

---

① 此诗人指 Pindar。

15

要记取，一切事物均取决于我们的看法。犬儒派的蒙尼摩斯所说的这句话，其意义是明显的，其效用亦是很明显的，如果我们在合理范围之内撷取其精华。

> 第欧根尼的门徒蒙尼摩斯严格实践了犬儒派的主张。他原来是个仆人或者奴隶，从买了第欧根尼做奴隶的那个人那里听到了第欧根尼的完美言行，激起了对第欧根尼的“强烈敬慕”，马上装疯卖傻，让主人把他打发掉，然后投身于第欧根尼和克拉底的门下。
>
> ——梁实秋批注

16

一个人的灵魂之堕落，莫过于把自己尽量变为宇宙的赘瘤。对任何发生的事情抱怨，便是对于自然的违逆，因为一切的事物都不过是自然的某一部分而已。另一堕落之道便是：对于某人加以嫉视，甚至意欲加害于他，许多愤怒的人便往往如是。第三个堕落之道便是：被享乐或苦痛所征服。第四：戴假面具，在言行上虚伪无诚。第五：行为或意向漫无目标，对任何事都掉以轻心不加考虑，殊不知最琐细的事也应顾虑到其结果。有理性的人应以服从那最原始的组织形式，即宇宙之理性与法则，为其终极之目标。

17

人生之过程不过是一个点，其本质是变动的，其知觉是模糊的，其整个身体之构造是易于腐朽的，其灵魂是一个旋涡，命运是不可测度的，名誉是难以断定的。简言之，身体方面的实物像是一条河之逝水，灵魂方面的事物像是梦、像是云雾；人生是一场战斗，又是香客的旅途，死后的名誉只是被人遗忘；那么在人生路途中能帮助我们的是什么呢？只有一件东西——哲学；这便是说，把内心的神明保持得纯洁无损，使之成为一切欢乐与苦痛的主宰；做起事来不要漫无目的，亦不存心作为，不受别人的有为或有所不为之影响，更进一步，要迎受一切发生的或注定的事，因为无论其为何事，都是与我们自己同一来源；最重要的是，以愉快的心情等候死亡，须知一切生物都由几种原质组成，死亡不过是那几种原质的解体而已。如果每一件东西不断地变成为另一件东西，其间并没有什么可怕，那么一个人对于一切事物之变动与解体又何须恐惧？这是合于自然之道的，自然之道是没有恶的。

作于卡农图姆[①]。

---

①即今匈牙利之Haimburg，在维也纳附近，奥勒留于日耳曼战争(171—173)中之驻地。

卷 三

01

我们不应该只是怀想，生命一天天地在消逝，来日无多；我们也要想一想，假使寿命可以延长，我们的心灵将来是否仍可同样地适宜于了解事实以及对于神与人的事物之沉思冥想，这恐怕是个疑问吧？因为如果一个人寿至期颐，呼吸的能力、消化、思虑、欲望，以及其他类似的能力，当然他还是有的，但是，一身精力之全部的使用，确切地克尽厥职，详细地分辨感官所接触的一切，清楚地判断结束自己生命的时机是否业已来临，以及其他类似的决定，都是极须要训练良好的思考能力的——这些本领在他身上早已灭绝了。所以我们亟须努力向前，不仅是因为我们时刻在接近死亡，也是因为在死以前，我们的了解力与知觉已经在逐渐消失了。

自杀的权利是斯多葛派哲学的信条之一，凡因爱国、慈善、贫穷、痼疾、衰老，皆可自杀。该派大师芝诺(Zeno)与克莱安西斯(Cleanthes)都是自杀死的。奥勒留只认为一个人在不可能过一种真正的生活时才可以自杀，他自己就曾一度绝食以求速死。

——梁实秋批注

02

还有一件事我们要注意：在自然运行中有些附带现象其本身颇为美妙而富诱惑力。例如，烤面包的时候，面包上有些地方是要裂开的，这些裂缝虽然也可说破坏了面包师的计划，其本身却并不坏，具有一种奇特的刺激食欲的力量。再例如，无花果烂熟时也会裂开；橄榄将要烂熟坠地时也有一种特殊的美。低垂的谷穗，狮子的凸出的眉头，野猪嘴边滴下的沫子，还有许多别的事物，如果捡出来单独观察，绝不能说是美，可是由于它们是自然运行所产生的结果，遂显得颇为美妙，讨我们的喜欢。

同样的，如果一个人有敏锐感觉，深刻地体认宇宙的活动，则任何事物，纵然是间接产生的现象，亦必会令他觉得可喜，是整体的一部分。他看野兽张着大嘴，和看画家或雕刻家所表现的，能得到同样多的快感；在老年的男人或女人身上他会看到成熟的境界，在年轻人身上他会用纯洁的眼光看到诱人的可爱处。许多类似的事物，不见得能讨每个人的欢喜，但是一个真正熟悉自然及其一切作品的人必然能彻底欣赏。

03

希波克拉底治好许多病人之后，自己病倒而死。星相家预言许多人的死，然后他们自己的命运把他们带走了。亚历山大[①]、庞贝[②]与恺撒[③]，不知多少次毁掉多少名城，在战场上斩杀过多少骑士与步兵，但是有一天他们也与世长辞了。赫拉克利特多少次揣想这世界有一天要被火焚毁，结果是自己体内积满了水，浑身沾上牛粪而

① 马其顿国王，曾征服东方，约公元前 356 至公元前 322 年间在世。

② 罗马共和国末期大将，约公元前 106 至公元前 48 年间在世。

③ 即 Julius Caesar，罗马独裁者。

亡。德谟克利特[①]死于虱，苏格拉底死于另一种害虫[②]。

> 赫拉克利特（Heraclitus）生于公元前6世纪。斯多葛派哲学之关于物理的观念大部分皆是从他的著作中借来的。他认为宇宙一切皆在变动中，万物无常，因有绰号“Weeping Philosopher”。
>
> ——梁实秋批注

这是什么意思呢？你已经动身外出，你已经扬帆，你已经触到陆地[③]，你就上岸吧；如果开始另一种生活，在那里不会是没有神的；如果那是一个无知无觉的境地，你便可不再受苦乐的支配，不再给肉体做奴仆，那肉体是比那奴仆卑贱得多。一个是智慧是神明，另一个是粪土是腐朽的东西。

04

不要浪费你的残生去空想别人的事，除非你能把那些空想联系到共同的目标上去，因为那实在是耽误了你做别的事情。如果你竟空想某某人是在做什么、为什么这么做、说的是什么、他心里想的是什么、打算的是什么，以及其他类似的事情，凡此皆足以把你卷走，使你不能专心守护自己的主宰的理性。

所以我们应该排除我们思想链锁中之漫无目标的无益的部分，

---

① 绰号“Laughing Philosopher”，他常有的一个念头是：“这些凡人们是何等样傻瓜啊！”他创立了原子学说。死于虱之说未见其他任何文献，据Laërtius说他死于衰老，据Lucretius说他是因智力消退而自杀身死。

② 此处所谓“另一种害虫”显然是指控诉苏格拉底之Anytus与Meletus而言。

③ 古埃及之婉曲语，即死亡。

过分好奇与怀有恶意的部分尤宜摒斥，一个人应该习惯于只思索一种事，一旦有人问起“你心里想些什么”你便能立刻坦白回答“我想的是这个或那个”；你的回答要立刻能表示出你的内心是单纯的、和善的，不失人群一分子的身份，没有一点享乐纵欲的遐想，没有任何争胜、嫉妒、猜疑，或任何羞于自承的念头。

实在讲，这样的一个人，力争上游唯恐或浼，可以说很像一位神的祭司，同时还利用他的内在的神明，使自己不受享乐的玷污，不受一切苦痛的伤害，一切侮辱加不到他的身上，一切罪恶他都能够抗拒，真乃最崇高的比赛中之斗士，永不被任何情感所制伏，深深地具有正义感，对于任何遭遇以及分配给他的那一份命运，都竭诚地欢迎接受，除因为重大的必要性或与公共利益有关之外，很少过问别人的言行与思想。

因为只有与自己有关的事情，他才肯列入活动范围之内，不断地思索着“从整个宇宙之中他所分到的那一部分”，自己的行为方面要努力做好，命运方面的事他确信是善的。因为每个人所分得的那一份命运，乃是与他有生以俱来的，并且是要挟持他以俱去的。

他也记得，凡属理性之伦都是他的同类，关怀一切人乃是合于人性的，我们不能听从所有人的意见，但是那些在生活上严格遵守自然之道者的意见是要听从的。至于那些在生活上不守这样规律的人，他们居家在外的行为如何？夜里如何？白昼如何？在何种罪恶当中翻滚？伴侣是何等样人？关于这一点他也是经常注意。这些人本身不足取，他们口中发出的赞语，他当然不予理会。

05

凡有所为不要出于违心、自私、轻率、强勉，不要用太好看的装饰打扮你的思想；不要太多话亦不要多管闲事；让你内心的神明做你生活的主宰。你是有丈夫气的、成年的、从事政治的，是一个罗马人、是一个统治者，据守岗位就好像是一个随时准备完成的人静候信号便可脱离人生，既无须宣誓，更无须任何人来做保证。摆出一副欢喜的面孔，不需求外来的帮助，亦不需要别人所能给你的宁静。自己站起来，不要别人扶起来。

06

如果你能在人生中找到什么东西胜过公道、真理、节制、勇敢……简言之，胜过你对于那些帮助你按照理性做事的东西之内心的满足，胜过你对于不容选择的命运分配之内心的满足；如果你能找到比这还好的东西，一经发现，赶快全神贯注地迎上去，尽量地去享受那最好的东西吧！

但是，如果没有什么能胜过你内在的神明，那神明能制伏一切各种欲望，能检讨一切的思考，能如苏格拉底所说不受感官的诱惑，能敬畏神祇，能博爱众人；如果你发现任何其他事物皆比这个为渺小，皆比这个价值低，千万不要放弃这个转而他求；因为一旦你有所旁骛，误入歧途，你便永久不能再专心一意地侍奉你那固有的好东西。一切的身外之物，诸如众人的赞美、权势、财富、纵乐，若任其与理性和政治利益相抗衡，那是不对的。这一切东西，纵然在短期间好像颇能令我们适意，会忽然间占得上风把我们掳走。

所以，我说，你要直截了当地选择那较好的，并且要坚守不渝。也许有人要说，对我有益的才能算是较好的。那么，你作为一个理性的人，对你有益的你就可以坚持不放；如果你只是作为一个动物，你要大胆地拒绝它，并且毫无骄矜地坚持你的判断，只是要注意你的探讨并无错误。

07

任何事，凡是强迫你违背诺言、放弃荣誉，令你怀恨、猜疑，或是诅咒任何人，要你扮演一个伪善者，引诱你追求需要墙壁帷幄来掩蔽的享乐，你都不要认为是于你有益的事。因为，凡是认定自己的智慧及神明为优于一切并从而膜拜之的人，绝不成为悲剧人物，绝不苦痛呻吟，绝不企求幽独，亦绝不希冀尘嚣；他的一生无所追求，亦无所闪避。他的灵魂在躯壳里究竟能停留长一些时间或短一些时间，他毫不介意；因为纵使要他立刻就离开尘世，他也会高高兴兴地就道，就好像做别的事情一般从容不迫，他一生中只注意到一件事，思想绝不背离一个有理性的人和一个良好公民所应有的楷模。

08

在一个有节制的彻底清洁过的人的心里，你不会发现毒疮、坏疽，或隐藏着的脓疱；大限一至，他的生命不会是突然被切断——像悲剧演员台词未毕即匆匆下台那样。再说，他没有一点奴性，没有一点虚娇，不依赖别人，亦不离弃别人，不怕追究，亦无须躲闪。

09

要尊重你那形成意见的能力。你的主宰的理性当中有无与自然不调和的意见，有无与一个理性动物的机体不相容的意见，完全是靠了它。这一能力能给你精思熟虑、对于人的友爱、对于神的虔敬。

10

抛弃一切其他的东西，只把握住这些个吧，虽然只有这几个；要记取，人的生命只是目前这么一段时间，其余的不是业已过去，便是可能永不会来。人生实在渺小极了，他所生存的地方只是地上小小的一个角落，就是那垂诸久远的身世之誉也是微末不足道，那只是靠一些可怜的人们辗转传述，他们自己也要很快地死去，他们未必能认识他们自己，更何况老早以前死去的人。

11

除了上述信条之外还要再加一个——“你遭遇一件事物，便要给它下一定义或作一描述，以便清晰地看出赤裸裸的真相，其全部的真相”，然后自己心里盘算其名称该是什么？其组成的分子的名称该是什么？将来要变化成为什么？

斯多葛派哲学家以整个宇宙为一大国家，所有的人皆为公民，尊奉一个宇宙理性。

——梁实秋批注

最能培养高尚胸襟的事，莫过于对人生遭遇的一切，做确实而有条理的研究，从而参究这宇宙到底是怎样的一个东西；当前的事物对这宇宙有何效用、有何价值，对人有何价值。人乃是那最高国家组织中的公民，其他的各种组织只好像是家族的性质；这目前给我以印象的东西，其本质是什么？是由什么分子组成的？大约可以延续多久？它能引发我的什么美德？诸如谦逊、勇敢、真实、忠诚、无欺、自足等。

在每一情况之下你要这样说：这是来自神，这乃是由于命运之交错以及类似之偶然的因缘；这乃是来自一位同族的人、一位亲戚、一位邻人，虽然他自己并不知道什么是合于他的本性的。但是我知道，所以我要和善地、公正地对待他，要合乎睦邻的自然法则；同时，对于既非善亦非恶的事物，我要以确定其真实价值为目的。

12

如果你做事能遵从正确的理性，诚恳、勇敢、从容、专心一意，保持内心的纯洁神圣，好像现在立刻就要把它奉还给造物主一般；如果你能把握这一点，别无他求亦无所回避，满足于自然所准许的目前的活动，谈吐一言一语均不失为大胆的真实，那么你将是一生幸福的了；没有人能阻止你。

13

就好像是医生一般，刀剪随时准备在手边，以应付紧急的手术；同样的你也要认定宗旨，随时处理那些有关人与神的事务，纵然是极琐细的事，也要充分地认识二者相互的关联。因为你永远不能好好地尽任何的人方面的责任，除非你把它联系到神方面去，反过去亦然。

14

不要再信步漫游；因为你大概不会读到自己的《杞记》[①]或《古希腊罗马事迹》[②]，及你预备在老年阅读的群书摘录。赶快奔向目标，并且如果你珍惜你自己，赶快放弃一切妄念，趁着尚可为力的时候救救自己吧！

15

他们不知道这些词句包含着多少意义——偷窃、播种、购买、沉默，发现有什么事情该做，这不是眼睛所能看到的，而是需要另外一种视觉。[③]

16

肉体，灵魂，智慧：感觉属于肉体，欲念属于灵魂，真理属于智慧。靠了感官而获得印象，牛亦优为之；像傀儡似的由欲念来牵

---

① 可能即是指本书《沉思录》。

② 有人认为这或者是奥勒留自己所著的一部历史。

③ 这第 15 节意义不甚通畅，疑原文有脱落或舛错。

线，则野兽与嬖童[①]，一个法拉里斯与一个尼禄，都是同样的。说到靠智慧做向导以尽他们所体认到的责任，则不信神的人，见国家危急而不救的人，关起门来做坏事的人，全都有这个本领。

> 法拉里斯（Phalaris）是西西里的著名暴君，约卒于公元前549年，以残虐闻名，曾活烧俘虏。这里所说的不信神的人等无疑指当时的基督徒，他们被控诉的三大罪状正是：一、不信神；二、无爱国心；三、举行秘密仪式。
>
> ——梁实秋批注

如果任何其他的事皆是上述各种人所共有的，那么一个好人的特点只剩下这一点了，那对于一切发生的事和命运给他编造的事，一概地感觉愉快而且欢迎，不污损其内心的神明、不以许多妄念去烦扰它，保持其宁静肃穆，规规矩矩地事之如神，不作妄语、不为邪行。如果所有的人不信他过的是简单朴素而愉快的生活，他也不对他们任何人发怒，也不改其常轨，他依然是“纯洁地、宁静地”朝着生命的鹄的前进，随时准备离开人生，毫无勉强地接受命运。

---

① 原文 pathics，男性之卖淫者。

卷四

01

吾人内心之主宰，在与自然之道相吻合的时候，对于一切发生之事均能适应；凡是可能的，凡是所遭遇的一切，均能从容不迫地适应之，它并不需要某一种固定的物质。在追求其崇高目标之际，固然要有若干条件的限制，但如遭过任何障碍却能改变其气质——犹如任何东西投入火内，均能被它熔化一般。小的火焰可能被它扑灭，但是熊熊的大火便能吸收一切投入之物，焚毁之，结果是火势更盛。

奥勒留克己苦修，但不赞同隐退。他关心的乃是如何做与公共利益相符合的事，他的生活态度是积极入世的。修养在于内心，与环境没有多大关系。他说:“一般人隐居在乡间、在海边、在山上，你也曾最向往这样的生活；但这乃是最为庸俗的事，因为你随时可以退隐到自己心里去。一个人不能找到一个去处比他自己的灵魂更为清静——尤其是如果他心中自有丘壑，只消凝神一顾，立刻便可获得宁静。”还真是得道之语。

——梁实秋批注

02

不要做没有目标的事，亦不要做不合于生活艺术之完美原则的事。

03

一般人隐居在乡间、在海边、在山上，你也曾最向往这样的生活；但这乃是最为庸俗的事，因为你随时可以退隐到自己心里去。一个人不能找到一个去处比他自己的灵魂更为清静——尤其是如果他心中自有丘壑，只消凝神一顾，立刻便可获得宁静，所谓宁静亦即有条不紊之谓。充分地利用这种退隐的方法，使你自己得到新生。你内心的宗旨要简单而切要，拿来应用要立刻能解除烦恼，回转来时对原有的事物不再有何恚意。

你对什么怀有嗔恚之意呢？是不是人心太坏？你心里要这样想：理性的动物是为了彼此互助而生的，忍耐便是公道的一部分；做错事都不是本愿的。试想在此以前，多少人于度过仇视、猜疑、嫉恶，甚至拔刀对杀的生活之后，不都是已经死去变成灰尘了吗？请想一想这桩子事，你最后便不复有什么嗔恚了。你是对整个宇宙中你所分占的一份觉得不满吗？要想想宇宙只有两个解释：一个是有神主宰一切，一个是原子的因缘凑合。我们有充分的证据可以说明“宇宙像一个国家组织一般”。是不是肉体方面的苦恼总是抓住你不放呢？你要这样想：人的心灵一旦收敛起来，并且发现其力量之所在，便与实际生活中的顺利与坎坷全无关系。还要想想：你所听到过的与服膺过的有关快乐与苦痛的种种道理。

是不是那个无聊的东西——名誉，使你不能忘怀呢？试看，一切事物多么快地就全被遗忘！过去与未来是什么样的一片空虚！赞美之词是何等的虚妄！对我们恭维的人是如何的善变与缺乏判断！这一切活动的场所又是如何的狭小偏隘！整个的大地不过是一个点，我们走动的地方更是何等渺小的一个角落！其中能容得多少人？称赞你的人又是何等样的人？

所以从今以后，你该退隐到自己那块小天地里去，不要过分紧张、不要急躁，要从容自持，要像一个人，一个有人性的人，一个公民，一个尘世凡人那样地去面对人生。但是最方便的宗旨当中，有两项你要注意：第一，客观的事物并不能涉及灵魂，只是在外面静止着；烦扰皆由内心而起。第二，眼见的世界瞬息万变，然后趋于消灭；要不断地想念你自己亲见的有多少事物在变。“宇宙即变化，人生即主观。”

> “人生即主观”一句是毕达哥拉斯派哲学家Democrates的格言。出现在莎士比亚《哈姆雷特》第二幕二景二五六行。原文是“There is nothing either good or bad, but thinking makes it so”。
>
> ——梁实秋批注

04

如果智力是我们所共有的，那么使我们成为理性动物的那个理性也是我们所共有的。如果是这样，那么告诉我们何者应为、何者不应为的那个理性也是我们所共有的。如果是这样，那么我们是在服从一个共同的法则；如果是这样，那么我们都是公民；如果是这样，那么我们都是一个共同组织的分子；如果是这样，那么宇宙便好像是一个国家——由人类全体所组成的机构不是国家是什么呢？并且从这共同的国家我们获得了智识的、理性的与守法的本能，若不从这里获得，从哪里获得呢？我身体里面的土是从土分割出来的，水是从水来的，风是从风来的，火是从火来的；任何事物不能无中生有，犹之任何事物亦不能归于乌有，所以智力亦无疑地是其来有自。

05

死，和生一样，是自然的一项秘密，几种元素的组合，又离析成为那几种元素，绝不是什么可羞耻的事，完全合于理性动物的本质，与人生的法则亦无任何抵触。

06

这样的人，便无可避免地会做出这样的事。如果你希望其不如此，那便等于是希望无花果树没有辛辣的汁浆。在任何情形之下都要常常记住，在很短的期间之内你和他都是要死的，再过不久你们的名姓也不会留在世间。

07

铲除“我是受了伤害”的观念，受伤害的感觉立刻就消灭了，铲除那感觉，伤害立刻也就消灭了。

08

凡不能使得一个人本身变得比以前坏的，必不能使得他的生活变得比以前坏，亦必不能从外面或从内面伤害到它。

09

凡属于对公众有益之事物，都含有一种本质，迫使它不得不如此做。

10

要注意，一切遭遇都是适当而公正的。仔细观察，你就会发现此言不谬；它不仅是按照顺序，如根茎花果一样，而且是含有公道，好像是冥冥之中有所施给，都是按照各人应得之分。你既已开始，就要密切注意下去，无论做什么事，要像一个真正的好人所应该做的那样去做；在每一活动范围之内，要保持这个原则。

11

你怀有的见解，不可像是害你的人所怀有的一般，亦不可像是他希冀你所怀有的那样。观察事物要根据事物本身之实在状况。

12

你随时要有两种准备：一个是随时准备只是遵照那统摄一切的理性之吩咐，去做于人类有益之事；另一个是，准备随时改变你的主张，如果有人纠正你使你免于虚妄。不过此种改变必须以其确属正当或对公众有益为基础，并须以此为唯一之基础，不可仅凭一时高兴或出于沽名钓誉的动机。

13

你有理性吗？我有。那么为什么不用它呢？因为一旦理性发挥它的力量，你还能更需要什么别的东西？

14

你是宇宙整体的一部分，你从何处来，便将消失到何处去，也可以说你将经过一番变化，回复到那造物者的理性里去。

> 正如奥勒留所说，人是宇宙的一部分，所以对宇宙整体负有义务，应随时不忘自己的本分，致力于整体的利益。
>
> ——梁实秋批注

15

许多香灰屑纷纷落在这同一的圣坛上，有的落得早些，有的晚些，但是没有什么分别。

16

那些把你当作野兽或猿猴看待的人；不消十天的工夫，就会奉你如神明——如果你回过头来遵守你的信条并且崇敬你的理性。

17

莫以为你还有一万年可活，你的命在须臾了；趁你还在活着，还来得及，要好好做人。

18

一个人不管别人的言行思想是否正确，只管注意自己的行为是否正确，那么这个人的生涯将是何等丰富！老实讲，一个好人不是要窥察别人内心的黑暗，而是“目不斜视地直赴目标”。

19

为身后美名而动心的人，实在是没有思想，每一个记得他的人，以及他本人，很快就要死去，他们的后人亦将很快继他们而死去，直到最后关于此人之整个的怀忆完全消失；虽然连环传递之际亦曾闪闪发亮，但终归要熄灭的。假使怀忆与怀忆者都是长生不死的，对你又有何益？对于死者，我无须说，赞美是无关痛痒的，对于活着的人可又有什么用处？除非真是把它当作达到某种目的之一个手段？因为你在现今拒绝使用上天的秉赋，而斤斤计较将来别人对你的议论，那是不合实际的。

20

一切事物如果有其自己的任何美妙处，其本身便是美的，无须旁求，赞美并不算其中的一部分；受赞美并不能使它变得更好或更坏。这个道理适用于大家所谓美的事物，例如物质的东西或艺术品。那么，真正的美还会需要赞美吗？不，除了规律、真理、慈爱、谦逊之外什么都不需要。而这几项，有哪一项是由于赞美才成为美的，或由于贬抑而丧失了美？什么！一块翡翠会因为无人赞美而失去价值吗？真金、象牙、紫袍、竖琴、短剑、小花、矮树会因为无人赞美而失去价值吗？

21

如果躯体死后而灵魂不灭，无数年后大气中如何能容得下那么多的灵魂？天长日久，土地里又如何能埋得下那么多的躯体？就像躯体于相当期间腐化之后腾出空间给别的死尸一样，灵魂飞入空中经过相当期间之后也要发生变化、解体，变为火，回到整个的宇宙之创造的理性里去，让出地位给后来的人居住。这是我们对灵魂于躯体死后的不灭的假设所能提出的答案。

但是我们不能仅仅考虑到经常埋葬的那么多的尸体，我们还要考虑到自己所吃掉的及别的动物所吞噬的生物。这消耗的数目是多么的大，而且可以说是埋葬在食者的躯体之内了！但是它们都不愁没有空间，因为它们变成了血，然后又变成了气，变成了火。

这件事显示了什么寻求真理的方法呢？那便是“物质的”与“形相的”之析离。

22

不要随波逐流。每一举措，需要合乎公道；每一印象，需要求其正确。

23

宇宙啊，凡是与你合谐的，亦即与我合谐！凡是在时间上适合你的，对于我就不是太早，也不是太晚！自然啊，你各个季节所带来的，都是给我享用的果实！凡是由你那里来的，在你那里生存的，都会回到你那里去。有人说过：“可爱的 Cecrops 的城市！”[①] 你

① Cecrops 是传说中的第一位雅典国王。City of Cecrops 即雅典城。

为什么不说“啊，可爱的 Zeus 的城市”呢？

24

哲学家说过：“如果你想要心中宁静，少做事。”[1] 但是只做必须之事，只做宇宙一分子的理性所要求的事，只按照它所要求的去做，这不是一个更好的格言吗？因为这将不仅因做很少的事而获致心中的宁静，而且还可以因为做得适宜而获致心中的宁静。我们的言与行，什么都不是必需的，如果一个人知所节制，当然可得较多的闲暇、较少的烦恼。所以遇有机会不要忘记问你自己：“是不是不必需的事情之一？”但是我们不仅要减少动作，不必需的思想也要删灭——减少妄念，不必需的动作也就无从而生。

25

努力过一个好人的生活，对于宇宙整体划分出来给他的那一份要欣然接受。对于自己的行为是否正当？自己的存心是否忠厚？而感觉满意？看看是否已经做到。

26

你已经考虑过那一面了？现在看看这一面！不要自寻烦恼，要努力做到简朴。有一个做错事了吗？那只是害了他自己。你遭遇到什么事了吗？那很好。每一桩子遭遇都是自始为你编排的，那是整个宇宙中分给你的一份。总而言之，人生是短暂的；要以正确的理性及公道来享受这现在。在松弛的时候不可放纵。

27

宇宙间之万物的安排，可以说是有良好的秩序，也可说是杂乱一团，但不是没有计划的。如果宇宙没有秩序，你的内心能有秩序

① 说这句话的哲学家是德谟克利特。

吗？况且万物虽然分散但仍是互相关联，你能说宇宙没有秩序吗？

28

一个凶恶的性格，一个懦弱的性格，一个顽硬的性格，无人性的、兽性的、稚气的、愚蠢的、虚假的、谄媚的、贪婪的、残暴的！[①]

29

如果一个人对宇宙里面的事物一无所知，他便是个宇宙以外的人，那么对于宇宙里面所发生的事一无所知的人，也同样可以说是个宇宙以外的人。自居于宇宙之法以外的人，便是个流囚；不能用慧眼观察的人，便是个瞎子；依靠别人而不能从自身取得自己生活所需要者，便是个乞丐；只因不满于现实而即自绝于“宇宙的共同的理性”，便是宇宙的赘瘤——是同一个宇宙产生了现实也产生了你；把自己的灵魂从那浑然一体的理性动物的灵魂中割裂出来，他便是那整体的一个残肢。

30

有一位哲学家没有一件衫，又有一位没有一本书，又有一位是半裸的，他说：“我没东西吃要饿死了，但是我紧紧地抓住理性。”我也是如此：我从我的学问里得不到什么，但是我要紧紧地抓住它。

31

珍视你所学习的技艺，无论其为如何的低微，并且要安心乐业于其中；要像是一个全心信赖神祇，既不骄纵凌人亦不甘为奴仆的

---

① 此节用诅咒语气，颇不合奥勒留自己平素的主张，其心目中想系指一恣肆反常之人，如尼禄之类。

人那样打发你的余生。

32

试回想一下维斯佩绅[①]的时代，你就会看见这一切：结婚、养孩子、生病、死亡、作战、欢乐、经商、耕种、谄谀别人、吹嘘自己、猜疑、阴谋、祈求某人快死、叹诉自己命薄、恋爱、储蓄、希求做执政官、妄想裂土为王，可是他们的生活到如今没有在任何地方留下任何痕迹。

回想图拉真时代的光景，情形完全一样，那时的生活也都已逝去。同样地可以试想历史上任何时代或任何国家，多少惨淡经营的成果，都不免归于死亡、归于尘埃。但最要紧的是你要想想：你自己认识的那些只知追逐虚荣而不知安分守己的人。由此可以知道，吾人所加诸任何行动的注意力，应有适当的价值观念及比例观念作为准绳。这样，你便永远不会内心歉疚，如果你对于次要的事情不过分地枉费精神。

33

许多从前使用的词句，如今都作废了。同样的，历史上被歌赞的名字在某种意义上也可说是作废，如 Camillus、Caeso、Volesus、Dentatus，稍后的 Scipio 与 Cato，再后的 Augustus，以及 Hadrian 与 Antoninus[②]。因为一切都很快地消逝而变为传说，不久便整个地被遗忘了。我所提到的这些名字都在世界上曾经发过异常的光辉；至于其余的人们，则一旦断了气，便可以说是“眼睛看不见，心里不再想”了。但是所谓“不朽之誉”究竟是什么呢？完全是虚幻而已。

---

① 罗马第九任皇帝（9—79）。

②Camillus，罗马共和国初期之著名的独裁者。Caeso Fabius Vibulanus，被害于 Cremera。Volesus 即 P. Valurius Volusi Filus Poplicola，罗马共和国初期英雄。Dentatus 为征服 Samnites 与 Pyrrhus 之英雄。

那么我们应该追求的是什么呢？只有这一样：思想公正、行为无私、绝无谎言，对一切遭遇都认为不可避免，都认为平凡无奇，都认为是从一个泉源里发出来的。

34

甘心情愿地把你自己交给 Clotho，让她编织你的生命之线，做何用途也由她任意安排吧。

35

全都是朝生暮死的，记忆者与被记忆者都一样。

36

要不断地想，一切事物是以变化而相嬗；要经常地想，宇宙最喜欢改变现存的事物，并且制造同一类型的新的事物。现存的一切可以说是种子，滋生出新的事物，但是一提起种子，你就想到只有播在土里或子宫的才是种子，这看法太不哲学了。

37

过不久你就会死，可是你还没有达到朴实无华、无忧无虑，不虞遭受外界侵袭，与众翕合无间，并深信智慧与正义乃是一个真实的境界。

38

研讨一下统摄人类行为的理性，看一看哲人们避免的是什么，追求的是什么。

39

你所认为是邪恶的，根本不会存在于别人的心里，也不会由于你自己的环境而造成任何变迁。那么是从何而生的呢？是来自你自己判其为恶的判断力；你自己不下判断，则一切都好。判断力的近邻便是你的可怜的躯体了，躯体纵使被割裂、被焚烧、腐烂化脓，你也不要轻下判断；换言之，你只可认定没有事物是善的或是恶的，因为任何事物都可以同样地发生在一个好人或恶人身上。生活合于自然之道的人与生活不合于自然之道的人既然可以有同样的遭遇，那遭遇也就很难说是合于自然之道或不合于自然之道了。

40

永远要想：宇宙乃是一个活的东西，只有一种本质，只有一个灵魂；一切事物都要回复到那唯一的知觉；一切事物都是发自那唯一的动机，一切现存的东西乃是一切将要发生的东西之共同的因，一根根的线是如此地错综交织在一个网织物里。

41

埃皮克提图说得好，你是一个担负着躯体的小小的灵魂。

42

一切事物都要起变化，这算不得是恶；犹之乎有些事物由于变化的结果才得存在，亦算不得是善。

43

时间就好像是一条河、一条急流，里面含着无穷的变化。才刚好发现一个东西，它便已经消逝了；看呀！又有一个东西涌现，它又将马上消逝得杳无踪影。

44

一切发生的事情都是平常而熟悉的，犹如春天的玫瑰和秋天的果实。同样的道理也适用于疾病、死亡、毁谤、欺诈，以及一切使愚人欣喜或苦恼的事物。

45

后来的与已往的总是有密切关系。因为一连串的事物并非分别地先后发生，而是有一种理性的关联；恰似现存的事物在一种和谐的秩序中被拼合在一起，未来的事物也是一样，不仅是继起的性质，而且与现存的事物具有巧妙的关系。

46

永远要把 Heraclitus 的话铭记于心："土死变水，水死变气，气死变火，然后循环不已。"还要记住"那个忘了路向的旅者——人——永远是和他毕生关系最密切的那个向导——统摄整个宇宙的理性——争闹"；我们不可"像睡梦中人那样做事说话"，因为我们在睡梦中好像也要做事说话；不可有像"儿童模仿父母"一般的作风，不可动辄以"我们的父亲是这样告诉我们的"为借口。

47

如果一位神祇告诉你说："你明天就要死，无论如何总逃不过后天。"那么你究竟是明天死，还是后天死，你必定认为那没有什么重要性，除非你极度卑鄙，因为那分别实在是太小了！那么你究竟是若干年后死，还是明天死，你也同样地当作一件无关紧张的事去看待吧！

48

随时要记住：多少位医生，于常常望着病人紧皱眉头之后而悄悄地死了；多少位星相家，于煞有其事地预告别人的死期之后而悄悄地死了；多少位哲学家，于长篇大论地讨论死亡与不朽之后而悄悄地死了；多少位伟大军人，于屠杀千千万万的人之后而悄悄地死了；多少位暴君，于骄横地行使生杀大权，好像自己永生不死之后而悄悄地死了；多少座整个的城池，或许我应该这样说，至今也都死了，如 Helice、Pompeii 、Herculaneum[①] 及其他无数的地方。

再看看你所亲自认识的，一个接着一个地也都死了。一个人刚给朋友送终，然后自己倒下去了，又一个朋友来给他送终，他又自己倒下去了；这一切都发生在短短的几年之间。总之，不要忘记：一切有生之伦，其生命是如何的短促，并且是如何的猥贱；昨天是一摊黏液，明天便成为一个木乃伊或是一堆灰。按照自然之道去排遣这短暂的时间吧，漂漂亮亮地走向这旅途的尽头，像一颗橄榄烂熟落地一般，赞美那在底下承托着的大地，感激那令它滋长的万物。

49

要像一块岬角的岩石，任凭那海浪不断冲击；但是本身屹立不动，四周汹涌的浪涛不久就消沉下去了。

"啊！我的运气不好，竟遭遇到这样的事！"不，应该这样说："我好幸运，虽然遭遇这样的事，我并未受伤，既未被现状所粉碎，对将来亦无恐惧。"因为类似的事可能落在每一个人头上，可是并不见得每一个人都能不受到它的伤害。为什么认为那是不幸而不认为这是幸事呢？无论如何，你可曾见过一个人的不幸不是由于他背叛了本性？凡不是与人性的意志背道而驰的，你会认为那是人性的变态吗？那么，你已经知道什么是人性的意志了。你还认为你所遭遇的事真的会使你减少一点点的公正、高尚、纯洁、明智、戒慎、爽宜、谦逊、自由以及其他人性所不可或缺的德行吗？将来如有任何事情使你觉得受了伤害，你不可忘记这句格言："没有一桩不

① Helice 是 Achaio 一城池，于约公元前 500 年时被海水所吞没。Pompeii 于公元 79 年被维苏威火山所毁灭。Herculaneum 在维苏威火山附近，亦于 79 年被毁。

幸的事，不可由于勇敢承当而变成为幸事。”

50

有一个帮助我们蔑视死亡的方法，虽不大合于哲学，却颇为有效——列举一下那些顽健而长寿的人。他们比起短命而死的人们又好了多少呢？他们终归是被埋葬了，如 Cadicianus、Fabius、Julianus、Lepidus 及其他[①]，他们送了许多别人入葬，结果他们自己也入葬了。从任何方面看，寿命之长短其差异是很小的，生命即使熬到尽头，其间还要经历有多少烦恼，甚至要遇到什么样的伴侣，最后会秉有什么样的躯体？生命没有什么了不得。回顾一下，时间在你后面张着大嘴，向前展望，又是一个无穷的永恒。在这永恒之内，只活三天的婴孩的寿命和长达三世纪的一个 Nestor[②] 的寿命是一样的。

奥勒留经常谈到死。他甚至教人不但别怕死，而且欢迎死。他慰藉人的方法之一是教人想想这世界之可留恋处是如何的少。一切宗教皆以“了生死”为大事……所谓生死，不了断亦自然了断，我们是无能为力的。我们来到这个世界，并未经我们同意，我们离开这世界，也将不经我们同意。我们是被动的。

——梁实秋批注

① Cadicianus，古之长寿者，生平不详（可能是 Caecilanus 之讹）。Fabius、Julianus，亦古之长寿者，不知其详。Lepidus贪求长生不老，可能即是古罗马三执政之一的那一位。

② 希腊对 Troy 战争中最年长的一位首领。

51

要走最短的道路；最短的道路便是自然之道，这条道引人到最安稳的言行。能下这样的决心，便可免除烦恼与竞争，远离机巧与虚矫。

卷五

01

天亮的时候，如果你懒得起床，要随时作如是想：“我要起来，去做一个人的工作。”我生下就是为了做那工作的，我来到世间就是为了做那工作的，那么现在就去做那工作又有什么可怨的呢？我既是为了这工作而生的，那么我应该蜷缩在被窝里取暖吗？“被窝里较为舒适呀。”那么你是生来为了享乐的吗？简言之，我且问汝，你是被动地还是主动地要有所作为？试想每一细小的植物，每一只小鸟、蚂蚁、蜘蛛、蜜蜂，他们是如何的勤于操作，如何的各尽厥职，以组成一个有秩序的宇宙。那么你可以拒绝去做一个人的工作吗？自然命令你做的事你还不赶快去做吗？“但是一些休息也是必要的呀。”这我不否认。但是根据自然之道，这也要有个限制，犹如饮食一般。你已经超过限制了，你已经超过足够的限量了。但是讲到工作你却不如此了，多做一点你也不肯。

你不爱你自己，否则你一定也会爱你的本性，而且按照本性去做。别人因敬爱他们的职业而辛勤工作，以至于羸瘦不堪，忘记洗盥进食。但是你却不尊敬你的本性，还不如金属雕刻匠之于雕镂，舞者之于舞术，守财奴之于他的钱袋，好虚荣者之于喝彩声；这些人，做事非常认真，以至废寝忘食，所以才能因兴趣之所在而精益求精；但是你以为与社会有关的行为比较没有价值，并且比较不值得注意吗?

> 早晨是否黎明即起，是否贪睡懒觉，事情虽小，其意义所关甚巨。这是每天生活斗争中之第一回合。故奥勒留有此思考，不过他的卧房极冷，两手几乎不敢伸出被外，但是他清晨三点或五点即起身。Fronto常劝他多一点睡眠。“要像一个自由人应该睡得足够。”
>
> ——梁实秋批注

02

对于每一恼人的或敌意的印象加以排斥抹杀，然后立即进入完满的宁静状态，那是多么容易的事。

03

凡合于自然之道的言行，你都要认为是值得做的，不要被别人的批评议论所左右。一项言行如属有益，便不要认为你不配去做，尽管别人自有他们的想法，追随他们自己的意向。你绝不可旁顾，径直向前走，追随你自己的本性亦即宇宙之道，二者根本是同一条路。

04

我按照自然之道进行，等到有一天我便要倒下去，做长久的休息，把最后的一口气吐向我天天所从吸气的空中去，倒在父亲所从获得谷类、母亲所从获得血液、乳妈所从获得乳汁的大地上：那大地这许多年来给我以饮食；那大地任我践踏在脚底下，任我随意做各种的使用。

奥勒留哲学的一部分即是宗教。他教人对死坦然视之，这是自然之道。凡是自然的皆是对的。“我按照自然之道进行，等到有一天我便要倒下去，做长久的休息，把最后的一口气吐向我天天所从吸气的空中去，倒在父亲所从获得谷类、母亲所从获得血液、乳妈所从获得乳汁的大地上……”这说得多么自然，多么肃穆，多么雍容！

——梁实秋批注

05

你没有敏捷的机智可以令人称赞。就算是这样吧！但是有许多别的品质你却不能说：“那是我生来所没有的。”那么，表现一下完全在你控制之下的那些品质，如诚恳、尊严、耐苦、避免纵乐；不要怨命，要安贫知足，要慈爱、独立、节俭、严肃、谦逊。你看出没有，多少美德你现在大可以表现，无法诿诸先天缺陷或性格不合，而你却不肯尽力而为？难道你是被迫而不能不怨天尤人，贪婪无厌、甘心奉承、糟蹋身体、胁肩谄笑、大言不惭、心神不定，只因你是天赋如此？天哪，不是的！你早已就能摆脱掉这一切了，如果有错，错在认识不清、认识太慢。这一点你也应该凭着训练而加以纠正，不可忽略你的迟钝或自甘迟钝。

06

有一种人，在加惠于人的时候，希望对方要有回报。另一种人，虽不作此想，但在内心总念念不忘对方是他的债务人，总觉得自己做了一件好事。但还另有一种人，则行若无事，有如一棵葡萄树，一旦生出了一束葡萄，并不希望什么报酬，又好像是一匹跑完一段程途的马，一条追奔了猎物的狗，一只酿好了蜜房的蜂。他做好一件事，并不大声喊叫，只是默默继续去做第二件，就好像是葡萄树在适当的季节，再去生一束束的葡萄一般。

“那么一个人做事就应该这样行若无事吗？”是的！不过他还是要明察自己所做的是什么事，因为一个真正有乐善好施的品德的人，一定要注意到他的这种品德是否已付诸实施。“那么他一定也愿他的邻人知道他所做的事了。”你说得很对；但是你误会了我现在的意思；因此你也不免成为我上述的那些人之一，好像是推理正确，其实是误入歧途。不过你如果认为我方才所说的话有加以理解的价值，无须疑虑你会被诱导去忽略做任何有益之事。

07

雅典人有一个祈祷：“亲爱的宙斯，落雨！落雨在雅典人的田地和原野上吧！”根本不要祈祷，否则就这样简单而坦白地祈祷。

08

我们全都听说过：“爱斯鸠雷皮阿斯[1]曾为某人处方，要他练习骑马，或洗冷水澡，或赤足走路。”同样的我们也正可以说，宇宙之道也曾为某人处方，要他生病，或肢体不全，遭受亲属死亡，或其他类似的事。因为就前者而论，所谓“处方”其意义是这样的：他指定某某要如此做，以适合于他的健康；就后者而论，则是每个人所遭遇者乃是早已命中注定，以适合于他的命运。因为我们说事情“落”在我们头上，犹如泥水匠将墙或金字塔上的大块方石“落”在各个位置上，按照建筑计划而彼此协调。简言之，一切事物均有和谐，宇宙即是由一切物体集和而成一整体，所以命运即是由一切的因缘集和而成为一个总因；这道理就是最不善思维的人也承认，因为他们说：“他是命该如此。”既然此人命该如此，也可说是此乃对于此人之处方。那么我们接受我们的命运吧，就像是我们接受爱斯

① 罗马神话中之医神。

鸠雷皮阿斯的处方一样！老实讲，命运里也有许多“苦药片”，但是我们欢迎之，希望增进健康。

对于自然之道所认为于你健康有益的种种安排，即应作如此观，一切发生的事纵然不大适口，也要表示欢迎；因为那是适合于宇宙的健康，并且也符合宇宙本身的安宁。他不会令某一个人遭遇某一桩子事，除非那是对“整体”带来了福利。任何事物，绝不会把不符合其本身利益的任何事物加诸其所控制的任何事物之上。

有两个理由，使你安心接受你的遭遇：一、那是为你才发生的，是给你的处方，是和你有某种关联的，是命运中的一条线索，而且是在当初由于最古远的因缘而特别为了你而纺成的；另一理由，每个人的遭遇对于那控制宇宙的力量都是一种缘因，可以增加其福祉，助长其完美，甚至促使其延续不断。因为整体的完整性会受损害，如果你把它的缘因或部分之连续性稍稍加以割裂。抱怨的时候，你便是在尽力割裂它，使它归于破坏。

09

如果你的行为偶然地没有能从正义出发，你无须受良心谴责，无须沮丧不安；但是一度挫败之后，不可重蹈覆辙，不可以大部分行为尚无差误而自满，更不可自甘暴废。不要回到哲学像回到教师面前一样，要像是眼痛的人去乞灵于海绵与蛋白，要像是一个病人借助于膏药与敷涤，你对于理性也应该这样地认为满足，而同时不要以服从理性而炫弄。不要忘记！哲学所要求的，正是你的本性所要求的；而你所要求的，却是不合于自然之道的。“是的，但是我所要求的正是快乐的极致。”唉！快乐使人灭亡，不正是因为这个缘故吗？请看下面这些是不是更为使人快乐：心胸高超、卓立独行、朴素无华、慈悲为怀、生活圣洁；当你想起理解与知识的机能运用起来是如何的准确与圆融时，有什么东西比智慧更能使人快乐？

10

一般的事物都可以说相当神秘，许多哲学家，并且是非凡的哲学家，都认定这些事物非他们所能了解：甚至斯多葛派哲学家也认为难于理解。我们的感官的印象都可能是错误的，谁能永远不犯错误？我们再观察一下客观的东西，它们是何等的短暂！何等的无价值！很可能是属于一个宠仆、娼妓或盗匪的资产；再看看和你一同生活的人们，即使其中最有修养的也令人难以忍受，至于自己是否能忍受自己就更不必提了。

在这样的黑暗龌龊之中，物质与时间如此不停地流动，一切的东西随着流动以俱逝，这其间有什么真值得我们重视，能激起我们的一点点野心，我真看不出来。相反的，一个人应该怡然自得地等候着他的解体，并且不必因迫不及待而烦恼，要以下述的两个念头安慰自己：“一个是：凡是与宇宙自然之道不相合的事物，绝不会降在我的头上；另一个是：凡是与神及我内心神明相反的事，我绝不去做。”因为没有人能强迫我去反抗。

11

“我现在是怎样地使用我的灵魂呢？”永远要用这句问话质询自己，并且要这样反省：我自己的一部分是大家所谓“理性”的，我对于我自己这一部分，是保持着怎样的一种关系呢？我所有的灵魂是何等样的灵魂呢？是一个婴孩的灵魂吗？是一个青年人的灵魂吗？是一个女人的灵魂吗？是一个暴君的灵魂吗？是一个家畜的灵魂吗？是一个野兽的灵魂吗？

12

大多数人所认为好的东西，究竟是些什么，你可以从下面的探讨中发现出来。如果一个人认定某些事物确实是毫无疑问的好，例如智慧、节制、公道、勇敢，有此定见之后他便不屑去听诗人所说的“只因他拥有财富——”；因为那是毫无关涉的。但是，如果一个人先已决意追求一般人所认为好的事物，他便会倾听而且承认此一喜剧诗人的句子为适当，这一分别，任谁都可以明辨；否则，这一句话在前一例中便不会遭人厌恶，而我们却认为是有关财富及名利享受之适当的俏皮话。那么，进一步问，凡是可以利用诗人“只因他拥有财富，以至无处可以安生”[①]这句话来加以讽刺的人，其所拥有的事物，我们是否应认为是好的而加以推崇呢？

13

我是由因缘与物质而形成的，二者都不会破灭而归于无，因为二者都不是无中生有的。所以我的每一部分，将要经过变化而成为宇宙的某一部分，然后再变成为另一部分，以此类推以至于无穷。我之所以存在，也是靠了这个变化的过程，我的父母也是一样的，如是向后推转以至于无穷。这个说法全然正确，纵然这个宇宙是按着循环的劫期而安排的。

14

理性与理性的艺术，在本身上及其工作上，都是自足的天赋。从固有的原则出发，向着目标诚直前进。所以这样的行为便名为正当的行为，表示其为循着正路而行的。

15

不合于人的身份的事物，不可称之为人的；那些事物不是人所需要的，人性不包括那些在内；那些事物对于人性之完成亦无助益。所以，人生之目标不可放在那些事物上面，帮着达成人生目标的方法（即所谓善）亦不可寄托在那上面。并且，如果任何这些事物是属于人的，他便不该蔑视而加以峻拒；如果他表示不需要这

① 引自 Menander 的一个残篇。

些，此人便是不值得赞美的；如果这些事物是好的而他尚未具备，那么他也不能算是一个好人。不过，就事实而论，一个人越能在摒弃或被剥夺这些以及类似这些事物时无所怨尤，他便越是一个好人。

16

你时常怎样想，你的心灵便是怎样的模样，因为灵魂是受思想熏染的。不断地用这些思想去熏染它。例如，在能生活的地方，便能生活得好；但是所谓生活乃是宫廷中的生活。噫！在宫廷里也能生活得好。再例如，一件东西，无论它是为了什么目的而被制造出来，总是要被带到那个目的去，它的终点即是它所要被带去的地方，并且它的终点之所在亦即是它的利益与它的好处之所在。对于一个理性动物而言，“善”即是与人和谐相处。我们是为了和谐相处而生，这一点早已交代明白了。低级的是为向高级的服务，高级的也是为彼此服务，这不也是很明显的吗？生物是比无生命的事物为高，有理性的是比仅有生命的为高。

17

追求不可能的事物，也是疯狂，但是恶人行事不可能不如此。

18

一个人生来不适于担任的事，根本不会落在他的头上。别人和你有同样的遭遇，但是由于懵然罔觉，或是由于有意地要表示担当，他们坚定不移，竟无伤害。愚昧与虚荣竟会比智慧更有力量，真乃怪事！

19

一切事物靠了它的本身，绝不能一丝一毫地把持住灵魂，也不可能打进灵魂里去，也不可能转移灵魂；但是，只有灵魂可以转移它自己，它所下的任何判断乃是它所认为正确的，然后为了适合于那些判断，便从而安排它所控制下的一些外界的事物。

20

从一方面看，人乃是与我们最有密切关系的；因为我们必须为他谋福利并且要容忍他：但是有些人却常妨碍我的正当行为；那么，对于我，人便变成为漠不相干的一件东西了，犹如太阳、风或一只野兽。虽然一个人可以束缚我的活动，实则我的主动和我的心理态度是不会受到束缚的，因为具有随机应变的力量之故。任何足以妨碍心灵活动的事物，都会被心灵转变而成为助长心灵活动之事物，障碍能转变而成为助力，我们途中的阻碍反倒可以使其变为格外平坦。

21

要珍视宇宙间那最美妙的东西，那即是利用一切控制一切的东西。同样地要珍视你自己内部最美妙的东西，那即是与前者颇为类似的东西。因为这利用一切的东西在你身上也有，你的生活便是被它统治着的。

22

对公众无害的亦不能对个人有害。对于每一桩子有害的事均可以此衡量：如果公众未受损害，我便亦未受损害；但是如果公众受了损害，对于那个加损害的人亦无须愤怒，只消探询一下，他的错误是在什么地方？

23

要常加以思索，一切存在的事物以及即将发生的事物，其逝去到无踪无影，是何等的迅速。因为一切事皆如川流不息，其活动是不断地变化；其起因受无穷变化的支配，几无固定不变者；在我们身边的是无限的过去与张着大嘴的将来，一切的东西均在消逝于其间。在这种情形之下，一个人若是自鸣得意，或是感到困扰，或是觉得烦恼，好像那些恼人之事是长期永久的一般，这个人不是蠢吗?

24

要记住那宇宙的本质，你不过是其极微小的一部分；还有宇宙的时间，你所分到的，只是其中很短暂的，几乎是片断的一段而已；还有命运，你的那一部分是何等的渺小啊!

25

有人做了对不起我的事了吗?这是他的事。他的脾气是他自己的，他的活动也是他自己的。宇宙的自然之道要我有的，我现在有了，我的本性要我现在做的，我就那样做。

26

做你灵魂主宰的理性，不可被肉体的任何活动所骚扰，无论其为愉快的或苦痛的。理性不可和那些活动混在一起，要限制那些活动在其本身范围之内。但是一个单一的有机体是难以分割的，有时候肉体的动向会上升到心灵里面来，那么你便不可抵拒那感觉，因为那是自然的；不过要注意：你的主宰的理性不可参加意见表示此项感觉是善的或是恶的。

27

和神祇们在一起生活！一个人如果经常向神祇表示他的灵魂对自己的命运完全满足，宇宙赋给每个人的主宰内心的神明，实即宇宙的一部分，其一切意愿亦均已照办，这个人便可以算是与神祇们在一起生活了——这所谓的神明亦即每人都有的理性吧!

28

一个人腋间发狐骚臭，你会对他发怒吗？若是他患有口臭呢？你发怒有什么用？这人是有这样的一张嘴，是有这样的双腋。从怎样的来源就会发出怎样的气味。你也许要说："但是人是有理性的呀！稍微注意一下，他就会发现这是如何的令人讨厌。"我祝贺你！你也有理性。那么用你的理性的态度便可以引发他的理性的态度；启迪他，劝导他；如果他听你的话，你便可以治疗他，用不着发怒。

29

你打算在离开尘世之后还要生活下去，当然在尘世之上你可以生活。但是如果人们不准许你活，那么你便是到了脱离生活的时候了，而临走时还不可露出冤屈的样子。"这里烟太多[①]，我要走开。"为什么要以为这是一件了不起的大事呢？但是在没有这种缘由赶我走的时候，我还是一个自由人，没有人能阻止我做我所愿做的事，而我所愿的都是适合于理性的，并且合群的人性。

30

宇宙的理性是喜欢合群的，无论如何，它安排下的低级的事物，是为了高级的事物而设的，它又使高级的事物互相适应。你可以看得出来，它使得个个事物上下呼应、彼此协调，并且赋予每个以其应得的一份命运，使得较为美妙的事物彼此和谐相处。

31

你一向是怎样对待神祇、父母、兄弟、妻室、子女、教师、导师、朋友、亲戚、家人？你敢说直到今天为止对待他们实实在在的

---

① 据 Gataker，这句话是指一句谚语："有三种东西可以把人驱逐到室外——烟，屋顶漏水，好吵闹的妻。"

是“没做过一件错事，没说过一句错话”[①]吗？想想看，你所经历过的一切，你所忍耐过的一切；你的一生已告完成，你的任务亦已告结束，你看见了多少美丽的事物，你已经解脱了多少欢欣与苦痛，拒绝了什么样的野心雄图，以德报了多少怨。

32

为什么没本领的和愚昧的灵魂使得有本领的有知识的灵魂感觉惶惑不安呢？那么，什么样的灵魂才算是有本领有知识呢？那便是能明察事之始终，能通晓遍布于一切物质之理，以及“用循环往复至于永恒”“统治整个宇宙”之理的灵魂。

33

你命在须臾，不久便要烧成灰，或是变成几根枯骨，也许只剩下一个名字，也许连名字都留不下来。遥远的回响而已。我们生时所认为很有价值的东西实际上是空虚的、腐朽的、卑贱的，我们只像是彼此互咬的野狗，只像是哭笑无常的孩提。但是忠诚、谦逊、公道与真理，已经从这三千大千世界飞往众神所居的奥林匹斯山去了[②]。那么还有什么东西使你在此留恋不去呢？——如果可感知的事物真是变化无常，我们的感官是如此的脆弱而容易陷入错误，可怜的灵魂本身也不过是血气的蒸发，世间的荣誉也不过是虚幻。那么，怎么办呢？安心地等待终局吧，不管那是断灭还是变化。但是在终局未到之前，该怎么办呢？除了敬礼天神，赞美天神，对人行善，容忍别人并且克制自己，还要常久记住：凡是这肉体的人生以外的一切事物皆不属于自己，皆非自己所能控制，除此以外还有什么可为的呢？

---

① 引自荷马《奥德赛》（iv，689）。

② 引自 Hesiod。

在斯多葛哲学体系中，人的灵魂居在胸间，从血气的茂发中摄取营养，天上的星火也是同样地摄取地上的水汽以为营养。另外，在“断灭还是变化”这一点上，奥勒留好像从未能决定孰是。

——梁实秋批注

34

你可以把生活过得舒适如意；如果你走正路，如果你按照正路去想去做。神的灵魂、人的灵魂，以及一切理性动物的灵魂，有两个共同点：彼此各不相妨，而且承认公道，实行公道，不以私欲超越公道的范围。

35

如果这不是我的罪过，也不是我的罪过的后果，并且公众利益也没受损伤，我为什么要为之惶惑不安呢？公众利益如何才能受损伤呢？

36

不要漫不经心地被感官印象所误，要尽你的全力并且按照其应得之本分去帮助大家。如果在无关轻重的事物上遭遇挫折，也不要认为是有多大的害处；因为那是一个坏的习惯。像剧中的那个老年人一般，临行时，索还他的义子的陀螺，明知那不过是一个陀螺，你在这情形之下亦该如此[①]。你在演说坛上大声疾呼：“人啊！你忘了这是什么意义吗？”“是的，但是大家想要它。”难道你也就跟着大家变成了一个傻瓜吗？

好久以前我是个幸运的人，现在却不知是如何的败落了；但是

① 这一节语意不明，陀螺的故事亦不知何所指。

所谓幸运的人乃是自己给自己安排幸运的人；所谓幸运乃是灵魂之良好的趋向，良好的动机，良好的行为。

奥勒留即位后就遭遇战端四起的威胁。首先是162年战云起自东方。帕提亚人击溃了一整个罗马军团，侵入了叙利亚。L.维鲁斯奉命率军征讨，乱虽平而维鲁斯酗酒荒淫大失风度。在北方的边境亦复不靖，夸地等诸族皆叛。在罗马本境，由于L.维鲁斯所部自东方带来疾病及洪水泛滥，疫疠饥馑蔓延不休，民穷财尽，局势日非。奥勒留被迫出售私人所藏珠宝，筹款赈灾。此种困窘情形，在奥勒留在位之日，一直继续存在。内忧外患，交相煎迫。所以奥勒留说他自己现在败落了。

——梁实秋批注

卷 六

01

宇宙的本质是驯良而柔和的；控制宇宙的理性是无意为恶的。因为它没有恶，不为恶，也没有任何事物受它的害。而且一切事物都被育化而生，并且按照它的指导而达成它们的任务。

> 奥勒留并不曾努力建立哲学体系，所以在《沉思录》里我们也不可寻求一套完整的哲学。他不是在做哲学的探讨，他是在反省，他是在表现一种道德的热诚。
>
> ——梁实秋批注

02

要同样地尽你的责任，无论你是冻得发抖或是暖意洋洋，沉沉欲睡或是酣梦初醒，被人毁谤或是受到赞美，正在弥留之际或是做其他的事。因为弥留也是人生中的一件事，所以做这一件事的时候也要把当前的工作做好。

03

向里面看，不要忽略任何一件东西的特质或价值。

04

一切客观的事物不久即将变化，或是升华而成为宇宙本质，如其真有那种本质；或者就是飞散了。

05

那控制一切的“理性”，知道它自己的意向、它的作为，以及它发挥作用所需的媒介。

06

最好的报复方法便是勿效法敌人。

> 第欧根尼在答复一个人的疑问“我将如何报复我的敌人”时，答说：“以君子之道自持。”勿“以怨报怨”之意也。此句与奥勒留勿效法敌人意义相似。
>
> ——梁实秋批注

07

只可在一件事上取得快乐与安息——行善又行善，全心地想念着神。

08

控制一切的“理性”，能自动亦能转变，能随意使自己成为任何形状，亦能使任何发生之事物，好像即是它所愿望的。

09

每一件事物之完成，都是按照宇宙的自然之道的。因为一定不是按照任何其他的一番道理而完成的，既不可能是包涵着宇宙之外在的道理，亦不可能是被宇宙包涵在里面的道理，更不可能是这两者之外的独立的道理。

10

宇宙或是一团混沌、杂乱无章，或是一个单一体，有规律、有主宰？如果前一说为是，为什么我会愿意居住在这样的偶然的混乱里面呢？除了终归有一天要“归于尘埃”之外，还有什么别的事，值得我顾虑呢？为什么要烦恼呢？无论我要如何，终归是要有一天归于幻灭。如果后一说为是，我只好虔诚礼敬，脚踏实地地信任那控制一切的力量。

11

当你的环境好像是强迫你烦恼不安的时候，赶快敛神反省，切勿不必要地停留在那不和谐的状态之中。不断地返回到内省和谐的安静，你便可得到更大的控制力量。

12

如果你同时有一个继母一个亲娘，你会相当地孝顺继母，但是你会时常地投入亲娘的怀抱。朝廷与哲学现在便是你的继母与亲娘。要时常地回到亲娘那里去获得安宁，这样你便可以较能容忍朝廷生活，朝廷生活也可以较能容忍你。

13

膳食罗列当前的时候，我们不免要想，这是一条鱼的尸体，这是一只鸟或一头猪的尸体；这白葡萄酒不过是一束葡萄的汁浆，这紫袍不过是在蚬血里染过的羊毛；所谓性交，亦不过是体内的消耗和一阵阵的分泌黏液而已——看穿了一切事物的本来面目，不过如此，你一生便该永久保持这种警觉，一切事物都好像是非常美妙动人，要把它们剥得赤裸裸的，看看它们真实的可怜相，剥去它们的传统的尊严。因为外貌最善骗人，你自以为正在从事有价值的事情的时候，你是在受骗最烈。无论如何，想一想克拉蒂斯[①]关于赞诺克拉蒂斯[②]所说的话。

14

普罗大众赞颂的事物多是最一般之物，它们或由物理关联凝结在一起（如石头、木料），或因自然单位凝结在一起（如无花果树、葡萄树、橄榄树）；具有较高素质的人赞颂的事物，是由有意识的生命凝结在一起的（如羊群、兽群）；那些更为优秀的人赞颂的事物，则是通过理性的灵魂结为一体。这里所说的理性还不属于普遍理性的一部分，而是指在以某种方式掌握一门艺术或技术的意义上，或者仅仅就拥有一群奴隶而言是理性的。然而，那高度看重理性、普遍、具有公民素质的灵魂的人，却只关心以下诸事：他自身的灵魂理性而合群，那些事物便处于这一灵魂及其活动之中，为此目的，他会与自己的同侪携手合作。

15

有些东西忙着出生，有些东西忙着消逝，有些正在出生的东西，其中某些部分则同时已经凋谢。流动变迁使得这个世界常新，恰似那永无间断的时间的进行，万古常新。在这川流不息之中，一切的东西都从我们身边旋转飞过，不得片刻停留；其中有什么东西值得一个人那样珍视呢？那和一只身边掠过转瞬消失的麻雀发生恋

---

① 公元前4世纪 Thebes 的一位犬儒学派的人。

② Cholcedon 人，公元前396至前314年在世，哲学家。克拉蒂斯对他所说的是什么话，不详。

爱毫无异致。事实上，一个人的生命本身只是血气的蒸发和空气的吸入。我们每一刻都在吸一口气到肺里然后又吐出来……人生亦然，昨天或前天你在生时禀受了吸气的本领，有一天你又把它放回到原来的地方。

16

我们所该宝贵的，不是内部蒸发作用，像植物所有的那样；也不是呼吸作用，那是我们与牛羊野兽所同有的；也不是经由感官而获得的印象；也不是我们被冲动所牵引有如傀儡一般，也不是我们的合群的本能；也不是我们营养的需要，因为那不过是排除所摄入食品的废料。

那么该宝贵的是什么呢？鼓掌吗？不，也不是喝彩，因为大众的赞扬正无异于鼓舌，所以无聊的名誉是不值一顾的。还有什么可宝贵的呢？我的想法是这样的：我们的举止动静，应以我们自己的生活体质所需要的为限，一切的职业与技艺均应以此为目标。因为每一种技艺的目的便是，每一件东西之制作必须适合于其所预备担任的工作——种葡萄的人之照顾葡萄，驯练马的人、养狗的人都是如此，照管儿童与教育方法，也是抱着这样的目标；可宝贵的东西即在于是！

一旦你有此决定，你将不再另有他求。你不能停止珍视其他许多东西吗？那么你便不能获得自由，也不能知足，也不能不被欲念所动。因为你必定是要充满了艳羡嫉妒之情，猜疑那些能夺去你这许多东西的人；对于拥有你所珍视的东西的人们，你也不免要动阴谋邪念。简言之，一个人如果还需求那些东西，其心理必定不能和谐安宁，而且有时还要抱怨上天。但是如果你珍视自己的心灵，则必然能怡然自得，与人无争、与天神和谐；换言之，感激上天的一切给予与安排，这才是你该珍贵的！

17

在上面、在下面，元素在团团转。但是美德的活动却不在这里面。那是些较为神圣的智慧真理，沿着一条神秘的途径安然向前进行。

18

人的行径好奇怪！一般人都吝于称赞跟他们同时的人和他们的伙伴，而他们自己却非常注意后人的赞美；所谓后人是他们从未见过的或永远见不到的人。这与你因前人未称赞你而感到悲哀，并无二致。

19

你自己觉得某一件事颇为棘手，莫以为别人也必无法处理；不过任何事，凡是一个人可以做到的，而且是合于人性的，你要认为你自己亦可以做。

20

假设在竞技场上，一个比赛者用他的指甲划破我们的皮肤，并且用他的头猛撞我们一下，我们不会抗议，也不会生气，更不会疑心他将来要害我们。可是我们还要随时注意他，不是拿他当作敌人，也不是对他怀着疑忌，而是善意地躲避他。在生活中的人际互动里，你也应该采取同样的态度；人与人相处就像是参加竞技一样，我们需要多方容忍。躲避永远是可以办到的，既不猜疑亦不嫉恨。

21

如果任何一个人能切实地证明我的某一想法或某一行为是错误的，我将改过而且感激他。因为我寻求的是真理，没有人能为真理所伤害。但是一个人若执迷不悟有过不改，则真是受伤害了。

22

我尽我的责任，其他在所不愿。因为那些不过是没有生命的，或没有理性的，或误入歧途的。

23

对于没有理性的生物，以及一切情况和客观事物，你要保持慷慨仁慈的态度，因为你有理性而他们没有。但是人是有理性的，所以更要以友爱的态度待他们。在任何时候都要求助于神，不要以下述的疑问来烦恼自己："我这样做下去还要做多久呢？"因为能这样做，只要几小时，也就足够了。

24

马其顿人亚历山大和他的马夫被死亡送到了同一境界，不是同归于宇宙之原始的理性，便是同被散播到原子群中间。

> 奥勒留在此节所提出的两种死后归宿答案，前一种是斯多葛派哲学家的主张，后一种是Epicurean派的主张，奥勒留本人是不同意后者的。
>
> ——梁实秋批注

25

试想在一瞬间有多少事情发生？或与我们的身体有关，或与我们的灵魂有关；所以，如果有更多的事物同时存在，不要诧异，至于存在于所谓宇宙整体内的一切事物就更不消说了。

26

如有人问你："安东尼这个名字怎样写法？"你是不是要用力地把每个字母说出来？如果他发脾气，你是否也发脾气？你会不会温

和地再把每个字母说一遍？人生亦是如此，每一项责任乃是若干琐节的总和。必须注意那些节目，摆在你前面的那些节目必须要有系统地逐项去做好，别人对你发怒而你必须沉着应付，不可报以愤怒。

27

不准许人们追求他们心目中认为适意而有益的事物，那实在是太不可容忍了！可是你因为他做错事而愤懑的时候，你就会不准他这样做。无疑的他们是情不自禁地去做他们认为适意而有益的事。“但是他们是错误的。”那么，就教导他们，启迪他们，而不要愤懑。

28

死是从感觉印象中获得解放，也是从使我们成为傀儡的冲动中获得解放，也是从对肉体所服的劳役中获得解放。

29

生活中，肉体尚未屈服而灵魂先行屈服，那是一件耻事。

30

要当心不要成为一个恺撒，也不要沾染那种色彩，因为有那种可能性。所以你要自勉做一个单纯而善良的人，纯洁、严肃、平易、爱好公道、敬畏天神、宽厚、仁爱、勇于负责。永远要努力保持哲学所要把你熏陶成的典型，敬神而爱人；人生苦短，留在世上只有这个是唯一的收获：虔诚的性格与仁爱的行为。

凡有所为，要像是安东尼的信徒[①]。要记住他是如何坚定不移地做一切合于理性的事——他的无例外的公平、他的虔诚、他的面

① 此安东尼是指奥勒留的继父安东尼·派厄斯。

目之严肃、他的性格之和蔼、他的轻视浮名、他之热心于真实了解一般的事物。在未彻底考察与清晰了解以前，他绝不轻易放松一件事，有人对他无理挑剔，他一律予以容忍，绝不反唇相讥；他永远从容不迫；他不听信谎言；他考验人的品格与行为是如何地审慎周详；他不怪罪别人，他不怯懦、不多疑、不是诡辩者，在房屋、床寝、衣服、食物、仆婢各方面是多么简单朴素；他多么喜爱工作，多么吃苦耐劳；由于饮食简单他能从早到晚地工作，除了正常的时间之外不需要任何休息；对朋友他是何等的忠实，而且长久不渝；对公然反对他的见解的人他能忍耐，若有人能指出较佳的见解，他是多么欢喜；他是多么敬畏神明而又不迷信。注意这一切，你临终时便会和他一样心地光明而宁静。

31

再醒来一次恢复你的知觉吧！你方从沉睡中起来并且发觉困扰你的原是一场梦幻，那么你现在就快醒醒吧！面对现实就如同你曾面对梦境那样。

32

我有躯体与灵魂两部分。对于躯体，一切事物是不相干的，因为它不能和那些事物有何关涉。但是对于心灵，只有非由其本身活动组成的事物才是无关涉的，一切由其本身活动组成的事物则又在其本身的支配下。虽然如此，也只是与现在的事物有涉；至于过去与未来的心灵活动，则又立刻是属于不相干的事物了。

33

手或脚感觉酸痛并不能算是破坏了自然之道，只要脚还能做它所该做的工作，手还能做它的。同样的，苦痛对于一个人，当作一个人来看，也不能算是一件不自然的事，只要他还能做一个人所该做的事。既然不是不自然的，那么也就不能算是一件罪恶。

34

强盗、娈童、弑父者、暴君，想一想这些人的快乐，都算得了什么！

35

你一定注意过，一个有技艺的人，在某种程度之内是可以对“外行人”让步妥协的，但是他的技艺之基本原则是一定要坚持的，绝不能有丝毫偏差。建筑师、医师对于他们本行的基本原则都非常尊重，一个人对于“与天神所共有的”他自己的理性，反而不知尊重，那不是怪事吗？

> 古代两个小故事可以说明艺术家的独立性。Stratonicus 曾对在音乐上持异议的 Ptolemy 说：“陛下的双手也许适宜掌握国王的宝杖，但不适宜于竖琴。”Apelles 对廷臣 Megabyzus 说：“你看这些孩子们在调和颜色！他们被你身上的紫色金光所吓倒了，只要你别开口。”
>
> ——梁实秋批注

36

亚细亚、欧罗巴，不过是宇宙的一角；整个的海洋不过是宇宙的点滴，阿陀斯山[1]不过是其中的一块泥土；现在不过是永恒中的一点：一切事物都渺小得很，这样容易改变，这样容易消灭。

一切事物都来自一个源头——从那主宰一切的宇宙理性而来，

① 是爱琴海北部的一个山岬。

或是直接地从那里发生出来的，或是间接的果。所以狮子的巨嘴、毒物，以及一切讨厌的东西如荆棘与泥泞，都是雄伟的与美丽的东西的后果。不要把这些东西看作为与你所崇敬的东西截然不同，应该回心想念那万物同一之源。

37

一个人看出现在是什么，便是已经看出了亘古以来的一切，以及至于永恒的将来的一切；因为一切事物皆是同一来源，同一面目。

38

要常常地默想宇宙间一切事物之亲密的结合与相互的依存，因为一切事物都是互相牵连的，所以一切事物彼此亲近。这些事物彼此之间是有因果关系的，因为它们有收缩与扩展的变化，因为融贯其间的共感共鸣以及一切物质的统一性。

> 斯多葛派学者们假设宇宙间有两种力量，也可说是两种运动的形式，一个是使稀薄，一个是使浓缩；后者是内向的，是一切事物形成之原因；前者是外向的，物质的品质由是而生。
>
> ——梁实秋批注

39

适应你命中注定的环境，爱你命中注定所要遭遇的人，而且是要真心地爱。

40

每一工具、器械或器皿，都是好的，如果它能达成原来创造它时所要达成的任务，虽然在此情形下原创造者不在身边。但是那与自然合而为一的东西，创造的力量就在其中而且常驻于其间。所以你应该格外遵守它，并且要了解如果你的生活与行为都能与它相符合，则一切称心如意。同样的宇宙万物亦可使它称心如意。

41

凡是你自己所无从选择的事物，如果你以为其中某一件对你是好的，某一件对你是坏的，那么一旦遭遇了一件坏事或错过了一件好事的时候，不可避免地你要怨天尤人，认为那必是或可能是致祸之由；而事实上常是我们自己犯了错误，因为是我们自己硬把价值观念加在事物上面。如果我们只对于我们自己所能控制的事物分辨善恶，则我们就不会有机会怨天尤人了。

42

我们都是想要完成一个目标的共同工作者；有些人是有意识的有知识的，另有些人是盲目的。我想赫拉克利特说得好："人就是在入睡的时候也是工作者。也是这世界中一切正在进行中的事物之共同执行者。"一个人协力做这件事，另一人协力做那件事，一个人即使是在口出怨言，或是企图妨碍，或者从事破坏，他也是在大量地协力帮忙；因为宇宙也需要这样的人。你自己是哪一类工作者？这要由你自己决定。主宰宇宙的神明，在任何情形之下都会好好地利用你，并且在共同工作者之间给你一个位置。但是要注意，不要成为克利西波斯所提起的那种猥琐而滑稽的剧中角色①。

---

① 克利西波斯（前280—前207）是斯多葛派系统哲学之创立者，他所说的与此有关的话曾被普鲁塔克记载在他的De Communibus Notitiis里，如下："诗人们把荒谬的笑话写进他们的喜剧里，其本身固然琐屑不足道，但对于整篇作品却带来一种美妙，同样的，罪恶本身固属可厌，但对于非罪恶的部分仍然有其用处。"

古希腊作家普鲁塔克（Plutarch）在《论迷信》一文里记载着赫拉克利特另一条正相反的意见:“在醒着的时候，一切人都是同处在一个宇宙里，但是睡眠的人则立刻进入他自己的世界里去。”

——梁实秋批注

43

太阳会担任起降雨的任务吗？医药之神会担任起五谷之神的任务吗？各个星辰又是如何呢？他们是各有千秋还是和衷共济同赴一个目标呢？

44

如果天神为了我和我所遭遇的一切都做过一番打算，无疑他们打算得很好；因身为天神而无智慧，那是难以想象的事，并且他们怎么能蓄意要害我呢？这样做对他们以及他们所特别眷顾的宇宙又有什么好处呢？如果他们对我个人并未做任何特殊打算，至少为了宇宙的利益总是做过一番打算的；我也应该欢迎，并且充分利用与这宇宙利益必然有关的一切事物，如果他们根本并未做过任何打算，这是一个很不虔敬的想法——老实讲我不必再作任何献祭、祈祷与誓约，凡是承认神与我们同在的一切表示也可不必做了。果真如此，神既不为我们打算，我还是可以为我自己打算的，我要为我自己的利益而考虑——凡合于各人的体格与性格的，都是合于他利益的；不过我的本性是理性的、合群的；我是安东尼，我的城市与国家便是罗马；作为一个人，则全世界是我的家。对于这些组织有益的事，只有这些事，都是对我有利的。

45

个人所遭遇的一切，都是对于整个宇宙有益的，这话当然不错；但是更细心观察一下便可发现——一般而论：对于一个人有利的对其他人也有利。不过所谓“利益”一词应从广义解释，因为它也应用在一般非善非恶的事物上。

46

剧场或类似的地方以同样的节目上演，日久便令人生厌，整个的人生亦必有同样的效果。因为从上至下一切的一切都是些同样的东西或同样东西的结果，可是每一个人生又会有多么久呢？

47

要常常记取：各种各样的人、各种行业的人、各个民族的人，都死了；一直要想到 Philistion、Phoebus 与 Origanion[①]，现在再想想其他的人。我们最后必须经过一个边界，这边界从前许多人都曾经过；许多动人的雄辩家、许多严肃的哲学家、赫拉克利特、皮塔哥拉斯、苏格拉底也都去了，许多古代英雄、许多战士、许多后来的暴君，此外还有 Eudoxus、Hipparchus、Archimedes[②] 及其他杰出的天才、慷慨的豪杰、辛劳的工作者、多才多艺者、意志坚强者，甚至对于这短暂易毁的人生加以嬉怒笑骂者，如曼尼波斯[③] 及其他，关于这些人，要想想他们早已长眠千古。有什么还能伤害他们？至于无声无臭的无名之辈，更有什么能伤害他们？尘世间只有一桩子有价值的事——在真理、公道下，及对说谎者和不义的人们之一片

---

① 这三个是当时才死去的人。

② Eudoxus，公元前 4 世纪著名理论家。Hipparchus，公元前 2 世纪“天文学之父”。Archimedes，公元前 287 至前 212 年在世，古代最著名数学家。

③ 犬儒学派哲学家。

慈祥中安然度过一生。

48

如欲鼓起欢欣的心情，你可以想想伙伴们的优点；例如，这一个精力过人，那一个谦逊有礼，另一个慷慨好施，还有一个另有特点。和我们生活在一起的人，从他们的性格上反映出来的美德尽量地呈现在我们眼前，那乃是最令人愉快的事；永远要把这些印象留驻在你的目前。

49

你并未因为体重若干磅或不及三百磅而感觉苦恼，是不是？那么，你只能活若干年不能再多，为什么要苦恼呢？你对于所能得到物质的数额感觉满意了，那么对于时间的限度也可以知足了。

50

先要试行劝说；纵然大家都不赞成，你还是要按照公道的精神所指示的那样去做。如果有人以武力阻止你，你也要保持宁静而不愤懑，并且利用这一次挫折去表示另外一种美德，要记住你的企愿是要受环境限制的，你的目标原不是去做不可能的事。你要做的是什么呢？就是要感觉到你所曾感觉到的那个企愿。在这一点上你已经成功了，在我们所能选择的范围以内的事已经实现了。

51

爱好虚名的人是认定“别人的行为便是他自己的幸福”，爱好享乐的人是认定“他自己的感觉便是幸福”，但是拥有智慧的人则认定“自己的行为才是幸福所在”。

52

关于一件事物我们无须要有意见，不必为此自苦，因为自然并未赋予那件事物以任何权力来强迫我们下一判断。

53

训练你自己“细心听取别人讲话”，尽可能地深入他的内心。

54

对于蜂群无益的事，不可能对于一只蜜蜂有益。

55

如果水手们骂舵手，或是病人骂医师，除了那个人应如何确保全船的安全或获致病人的健康，他们心中还能有什么别的事?

56

和我一同进入这个世界的人，其中有多少已经离去!

57

对于黄疸病患者，蜜是苦的，患恐水病者见了水就怕，对于儿童，一只球便是宝贝。那么为什么要发怒呢？你是否以为错误判断之对于一个人，比胆汁之对于黄疸病患者或病毒之对于恐水症患者，为一力量较弱的因素?

58

没有一个人能妨碍你使你不能按照本性去生活：没有一件违反宇宙自然之道的事情会落在你的头上。

59

一般人想要巴结的人，他们想要获得的目标，他们所使用的手段——想想这一切的性质！时间多么快地就要把一切吞没！多少事物它已经吞没了!

卷 七

01

什么是邪恶？那乃是你常看到的事物。对于任何发生的事情，都要存着这样的感想：“这是常见的事物。”向上看、向下看，到处你都会发现同样的事物；古代的、中古的、近代的历史都充满了这种事物；并且在现今城市里与房屋里也充满了此种事物，太阳之下没有新的事物。一切事物都是常见的，一切事物都在消逝。

人生中除了美德便是无所谓善，除了罪恶之外无所谓恶。所谓美德，主要有四：一是智能，所以辨善恶；二是公道，以便应付人事；三是勇敢，借以终止苦痛；四是节制，不为物欲所役。外界之事物，如健康与疾病、财富与贫穷、快乐与苦痛，全是些无关轻重之事，全是些供人发挥美德的场合。凡事有属于吾人能力控制范围之内者，有属于吾人不能加以控制者，例如爱憎之类即属于前者，富贵尊荣即属于后者。

——梁实秋批注

02

你的信条如何能变成为死的呢？除非是与那信条有关的观念先行消灭。而如何鼓舞那些观念使之炽盛，则完全有赖于你自己——我对于一件事物能够形成一正确的概念。果能如此，我又有何忧虑？在我心灵范围以外的事物，与我的心灵毫无关涉。了解这一点，你便可昂然直立。

你能开始一个新生活，只要你像从前观察事物那样再重新观察一次，新生活即在其中。

03

无聊的赛会、舞台剧、牛羊群、武术表演，一根骨头掷给巴儿狗，面包屑撒在鱼池里，蚂蚁之劳碌奔波与背负重载，受惊的小老鼠之仓皇逃走，线牵的傀儡：你置身在这样的环境之中，要心平气和，不可盛气凌人，你必须了解，每个人的价值和他所感兴趣的事物的价值是可以等量齐观的。

04

在谈话中要注意所说的话，在行动中要注意所做的事。在后者中要于开始时洞察其所能引起的结果，在前者中要小心地把握其含义。

05

我的心灵能不能做到这一点呢？如果能，就把我的心用到这件事上面去，这心好像是宇宙自然所赋给我的一个工具。如果不能，我或是退出这件工作，让能做得较好的人去做，除非为了别的理由不许我推诿责任；或是尽力而为之，乞援于一个能利用我的理性去做切合时宜并有益于公众利益的事业的人。因为无论做什么事，独自去做或是与人合作，必须全神贯注于一个目标，即这件事必须与公众利益相符合，而且与之协调。

06

多少备受赞扬的英雄们都已被人遗忘了，多少赞扬他们的人也都已消失了！

07

不要羞于受助，因为你必须要像一个攻城的士卒一般去从事加在你身上的工作。那么，如果为了跛足的缘故无法自己爬上墙堞，或者若有人帮助便可以爬上去，如何做比较好呢？

08

不要为将来担忧。如果你必须去到将来，你会带着同你来到现在时一样的理由去的。

09

一切事物都是互相纠缠的，这个结合是神圣的，几乎没有一件事物不与另一件事情相关联。因为所有的事物都是经过编排，共同协助组成一个有秩序的宇宙。因为只有一个集合众物而成的宇宙，并且只有一个遍存于万物之间的神明，只有一种本质、一部法则、一个智性的万物所共有的理性、一个真理；来自同一根源拥有同样理性的有生万物，也可以说是只有一个至善之境。

10

在短期间，一切物质的东西都消逝在宇宙的本质之中；在短期间，一切动因都归返宇宙的理性里去；在短期间，一切的怀念都被吞灭在永恒里边。

11

对于一个有理性的人，同一件行为乃是既合于自然又合于理性的。

12

做个正直的人。若非生而正直，则努力趋向正直。

13

肢体与躯干联合起来成为一个有机体，其原理同样地可以适用于理性的人，分则为单一的个体，而其构造则是为了通力合作而设。如果你对自己说：我是理性的人们有组织的整体之一肢，你对于这个看法就可以得到一个更深刻的了解。但是如果你说你只是其中的一部分，你还不能算是由衷地爱人类，你还不是为了行善的本身快乐而快乐——你行善只是为了尽义务，而不是为了对自己有益。

14

任何外界的事物，如果它愿意，尽管降临在能感觉到其影响的各部分之上。有感觉的各部分，如果乐意，也尽管发出怨声。但是我，只要不认为降临在我身上的是邪恶，便是未受伤害；我可以拒绝将其视为邪恶。

15

别人随便怎样说怎样做，我自己总是要做好。就好像是一块翡翠——或是黄金或是紫袍——总会一遍一遍地重复说："不管别人怎样说怎样做，我终归是一块翡翠，我要保持我的颜色。"

16

理性永不搅乱其自身的宁静，换言之，永不使其自身陷于欲望。但是如果另外一个人能使自己产生恐惧与苦痛，让他去做吧。理性本身绝不会想入非非的。

如果可以，肉体要好好地照料自己，以免受到损害；如果受到损害，便要把这事实宣布出来。但是灵魂——它能感觉恐惧与苦痛，并且是唯一的判断恐惧与苦痛之存在者——却永远不会受到损害，因为它不会做此种之承认。

理性本身无所需求，除非是它自己创造需要，同样地没有什么东西能搅乱它，没有什么东西能妨碍它，除非那扰乱与妨碍来自它自身。

17

幸福即是好福气，也可说是好理性。你在这里做什么？啊！你在幻想？我以神的名义为誓，请你走开，回到你的原处，因为我不需要你！但是你按照你的旧习惯又来了。我对你并无恶意，只是请离开我！

18

一个人怕变化吗？噫！除了靠变化，什么东西能生出来呢？什么事比变化对于宇宙的本质更接近、更紧要呢？你能吃东西吗？如果食物不经过变化。离开了变化，人生各种需要能被满足吗？你还不明白吗？一个人的变化也是一样的，对于宇宙的本质也是同样必需的。

19

在宇宙本质中，恰似在一条奔流里，所有的躯体都被挟以俱去，与整体融而为一，并与之合作，恰似我们的肢体之互相协调。

多少个克利西波斯，多少个苏格拉底，多少个埃皮克提图，都已被时间所吞噬！无论面对什么人，无论遭遇什么事，永远要想起这一点。

> 有人以为此处连举克利西波斯、苏格拉底和埃皮克提图三个人名是暗指一项特殊的学说，即世界每周期轮转一次，同样的人物与事情便重复出现一下。
>
> ——梁实秋批注

20

我只关心一件事，我不要做人的本质所不允许做的事，或现在不允许做的事，或以不被允许的那种方式去做。

21

在短期间，你就会忘怀一切；在短期间，一切也会忘记你。

22

连误入歧途的人我们都会爱，这乃是一个人的特殊权利。只要你想一想，他们和你是同一族类，他们不是故意做错事，乃是由于无知，而且在短期间他们和你都要死去，想到这里爱便会油然而生；尤其是，这人对你并无损害，因为他并没有使你的理性比以前变坏。

23

宇宙从宇宙的本质当中，就像从蜡当中一样，时而塑造出一匹马，然后又打破这塑型，捏成为一株树，然后又捏成一个人，然后又捏成为其他事物；每一塑型仅能在短期间内存在。打破一只箱子，和装制一只箱子，都同样没有什么可令人感动的。

24

脸上的怒容是极其不自然的，怒容若是常常出现，则一切的美便立刻开始消失，其结果是美貌全灭而不可复燃。从这一事实可知，它与理性相悖。对不当行为的自觉一旦丧失，余下的生活又有何动机？

> 奥勒留最不赞成发怒。我们不必愤怒。如果非愤怒不可，也要控制那愤怒，使发而中节。佛家把“嗔”列为三毒之一，“嗔心甚于猛火”，克服嗔恚是修持的基本功夫之一。
>
> ——梁实秋批注

25

控制宇宙的自然，会改变你所见的一切事物；没人知道多快就要改变，从它的质料中造出另外的混合物，然后再改造成别的混合物，使世界推陈出新，常葆青春。

26

有人错待你了吗？立刻想一想，促使他做这错事的乃是由于他对于善与恶自有一番见解。那见解究竟是怎样的见解，对这见解一经了解，你便会寄予同情，而不是惊讶愤怒。因为你自己对于善与恶的见解和他的正是相同，或是相差不多，所以你必须要原谅他。但是如果你对于善与恶的见解不是如此，那么你对陷于错误的更该宽恕。

27

你所没有的，不要梦想为已经属于你了；你所有的，只可赏用其中最好的一部分。不要忘记，那些东西如果尚未属于你，你将如何的艳羡。可是要小心，也不可习于耽乐，以至于一旦失掉了它们而感觉苦恼不堪。

28

过一种独居自返的生活。理性的特征便是：“对于自己的正当行为及其所产生的宁静和平怡然自得。”

29

摒绝幻想！不要再成为被情感所牵线的傀儡。把自己隔绝在现在这一阶段，了解你所遭遇的或别人所遭遇的，把你所知道的一切事物剖析而为形式的与实体的。想一想你的末日。如有人做了什么对不起你的事，你不用介意，让做那事的人去介意。

30

尽全力注意所听到的一切。洞察一切结果以及造成那结果的因由。

31

脸上要露出淳朴的精神，谦恭的态度和对于介乎美德与邪恶之间的事物不加理睬的样子。爱人类，追随神。昔哲[①]有云：“一切事物皆有一套法则支配着，但是老实讲这只是指元素而言。”但是记住一切事物皆由法则支配就够了：这是够简单的了。

斯多葛派哲学最近于宗教。在罗马，宗教是非常简陋而世俗的，人们有所祈求则陈设牺牲、匍匐祷祝，神喜则隆福，神怒则祸殃。真正的宗教信仰与热

① 此哲人系德谟克利特。

情，应求之于哲学。

——梁实秋批注

32

关于死，如果宇宙是原子所积成的，死便是原子之离散；如果宇宙是一个单个的整体，死便是断灭或形态的变化。

33

关于苦痛，如不可忍受，它会毁掉我们；如果只是延续不断的痛，那便是可以忍受。如能把心收敛，心的宁静仍可保持，而且理性并不受任何损伤。至于被苦痛所损伤的各部分，让它们爱说什么就说什么好了。

34

关于光荣，看看追求光荣者的心，他们的特征、野心、憎恶。还要记住，恰似海里的沙不断地在冲积，把以前的淤积给埋覆了，人生亦是如此，以前的东西很快地就被后来者所埋没。

35

[引录柏拉图语：][①]“你以为一个人有了高尚的灵魂，对于时间与一切物质有了整体的看法，还会把人生当作很严重的事吗？‘不会的！’他说。那么他还把死当作一件可怕的事吗？‘一点也不！’”

---

① 见柏拉图《理想国》。

36

[引录安蒂斯特尼斯语：][①]“行善而受谤，这乃是帝王的本分。”

37

面容由心支配，由心得到它的形貌与气色，若心不能支配自己的形貌与气色，那是可耻的。

38

对东西发怒是无益的，因为它们毫不介意。

39

给神明与我以快乐。

40

生命像成熟的谷子一般被刈割。一批倒下去，一批又生出来。

41

如果神明遗弃我和我的两个儿子，其中也必定有个缘故。

42

公道与幸运会站在我这一面。

43

不要随着别人恸哭，不要纵情发狂。

① 安蒂斯特尼斯，公元前5世纪之犬儒学派哲学之创始者，为柏拉图之敌手之一。据普鲁塔克的说法，此语出于亚历山大大帝。

44

[引录柏拉图语：][1]“我可以充分地答复这样的一个问难者：你错了！如果你以为一个有点价值的人会斤斤计较生死，而不关怀自己所作所为是否公正，是否良善。”

45

雅典人啊，这才是真实情形：一个人无论是被放置于最合己意的地方，还是被他的主宰者置于某地，在我看来，他都应该安心留停，坦然面对，除荣誉之外不应考虑死亡或其他任何事。

46

但是，我的好朋友，请想一想，高尚而善良之事是否不在于救人与被救，而别有所在？一个人，如果配称作为一个人，是否应该把生命之长短完全置之度外，不苟且贪生，一切交给上天，服膺女人们的一句谚语“人不可与命争”，并且从而考虑：在有生之年，当如何以最佳方式度过他的岁月。

47

看星体运行，好像你自己也在随着转动一般；并且时时地想着元素之交相变换，因为这样的念头可以洗刷掉尘世生活的污秽。

48

柏拉图的这话实在说得好[2]。评论人事的时候，应该超然物外，居高俯瞰世间的一切，诸如熙熙攘攘的人群、军队、耕作，婚姻与离异，出生与死亡，法庭的喧嚣，沙漠的寂静，各种野蛮民族，

---

①语出柏拉图《申辩篇》。当时苏格拉底是在答复一个询问，问他冒生命之危险去从事他的工作，是否觉得可耻。

②本节此句以下各语显然不是柏拉图所说的话，所以许是指本节以上所录各语而言，也许此句之下有脱落。

其宴乐、哀伤与市集，一切的纷纭杂陈以及矛盾事物之有秩序的并列。

49

想想以往的旧事，无数的朝代交相嬗递。你也可以展望将来，将来一定也还是这个样子，因为它一定会要继续现存事物的节奏。所以我们所能见及的生命，是四十年还是一万年那是没有分别的。还有什么别的可看的呢？

50

尘世间生长的还归于尘世，泥土还原于泥土；上天生的很快地会回到天上去。这便是说，这或是密集的原子瓦解了，或是无知觉的元素散开了，意义是差不多的。

51

还有：

带着酒与肉以及离奇的魔法，避开川流，以求远离死亡。当来自天国的风暴击打着我们的轻舟，也击打着橹桨，我们必须埋头苦干，毫无怨言。

52

一个人可能比你更善于摔跤，但是不见得就更富于服务精神或谦恭的态度，或更善于随机应变，或更能体谅邻居的缺点。

53

凡是能根据人神共有的理性而完成的工作，其中没有什么可恐惧的。因为我们循正路行事，满足自身的要求，我们必可得到福利，不会遭遇什么伤害。

54

在所有的时间，在所有的地方，作为一个崇奉众神的信徒，你要满足于现状，要公正地对待你现有的邻人，要小心翼翼地保持你的意念，以免未经印证的念头偷偷地闯了进去。

55

不必环顾别人的理性如何，只要注视这一点："自然正在引导你到什么地方去？"所谓自然乃是兼指宇宙的自然，经由你所遭遇的事物便可体会出来；以及你自己的本性自然，经由你自己所要做的事便可体会出来。但是每一个人都应该按照他的本性做事，世间一切事物皆是为了理性动物而安排的——犹如在其他每一情形之下凡是低级的皆是为效劳于高级的而存在——而理性的动物则是为他们自己的利益而努力。

人性之首要的特点便是人与人之间的义务感，其次便是对于肉体的要求之坚决的抵抗，那乃是理性活动的特殊权益；把自己独立起来，不被感觉与欲望所支配，因为感觉与欲望均是兽性的。理智的活动是较优越的，永不被感觉与欲望所支配，确实是应该如此：因为理性的本质便是要支配感觉与欲望的。并且，理性的本质是不含有鲁莽灭裂的成分，不会被导入歧途的。所以，要让理性坚持这些特质，勇往直前，然后发挥其本身的作用。

56

要假设你现在已经死了，一生已经结束，此后残余的岁月只当作这一生的延续，要按照自然之道生活下去。

奥勒留于书中对于生死大事反复叮咛，与佛家所谓“死生事大，生命须臾”之说若合符节。不过奥勒留不信轮回不信往生，不但与佛说殊，抑且与基督迥异其趣。

——梁实秋批注

57

只爱你所亲身遭遇的及命运给你所织造的。因为此外还有什么是更适合于你的呢？

58

每有意外事故发生，要想想那些有过同样遭遇的人，他们是如何的烦恼，如何的惊诧，如何的激动。可是他们现在到什么地方去了？不知哪里去了！怎么样呢？你也愿和他们一样吗？为什么不把这些本性所无的偏差交给那些制造偏差或被偏差所动的人们呢？为什么不致全力于如何使意外事故成为有益的功课上呢？因为那样你便可把它们善为利用，转祸为福。只要经常注意，使你所做的事在自己看来是尽善尽美的。同时还要记住，取舍趋避之间最要紧的事是每件行为的目的。

59

向内看。善的泉源是内在的，如果你肯发掘，它便会不断地喷涌。

60

体态也要结实，在行动或举止中无阻碍。因为心有所感而形之于色，欲求其宁静而体面，须于整个体态上表现出来。但这一切须出之于自然，不可强勉。

61

与其说人生像跳舞，不如说人生像摔跤，因为它需要我们立定脚跟，准备迎接不可预见的每一次攻击。

62

要不断地想，你希望赞赏你的人是些什么样的人，具有什么样的理性。因为能如此，则有人无心开罪于你，你便不会怪他们，而且你也根本不想要他们的赞赏了，如果你洞察他们的意见与愿望之内在根源。

63

柏拉图说：每一个人之弃绝真理皆不是心甘情愿的。公道、节制、慈爱，及其他美德，盖无不是心甘情愿的。这一点需要牢记心头，可使你对待他人更敦厚一些。

64

每逢苦痛时，要作如是观：苦痛并不可耻，这对于把舵的心灵并无伤害，苦痛不能损及心灵之理性的及乐群的方面。不过，在大部分的苦痛中，可乞救于伊壁鸠鲁的一句名言——“一种苦痛永不会是不可忍的或永无休止的”，所以要记住它是有限度的，不要在想象中把它扩大。此外还要记住：我们日常生活中有许多的不适，实在不是真正的苦痛，例如打瞌睡、发高烧、不思饮食。如果为这些情形所苦恼，便要对你自己说：“我是在被苦痛所降服了。”

65

注意！对于禽兽，不可怀着禽兽对于人类的感想。

66

我们怎么能知道特劳格[①]在品格上不超过苏格拉底？苏格拉底固然是有较光荣的一死，对诡辩哲学家能做更巧妙的驳难，能以更

① 毕达哥拉斯(Pythagoras)之子。

大的勇气，一夜一夜地度过霜寒，在受命去逮捕那个无辜的萨拉密斯人[①]时，他认为抗命是较光荣的；他行路时昂首阔步——虽然关于这一点的真实性我们不免怀疑，但这些证据是不充分的；需要说明的乃是——“苏格拉底的灵魂是什么样的？他是否以公正待人虔诚奉神为满足？对别人的邪恶既不表愤慨，亦不给任何人的愚昧做奴仆，对于从宇宙整体分出来给他的那一份命运亦不表示惊奇，亦不视为难堪的负担，亦不准许他的理智被‘肉体的欲望’所影响”。这才是我们要知道的。

> 近人尝喜多方为之（迫害基督徒）开脱，不是说奥勒留误信谗言，便是说奥勒留中心思想实在与耶教异曲同工，其实这都是不必要的。迫害耶教之事，确曾数见不鲜，而且显然不是未得奥勒留之默许，如Justin之在罗马，Polycarp之在Smyrn以及各省之若干笃信耶教者，皆壮烈殉教。在他（奥勒留）那时代，他的地位，他压迫异教是正常的态度，不是罪恶，思之似不必更下转语。
>
> ——梁实秋批注

67

自然并没有将一切混合得如此密不可分，以致你无法将自己分离出来，无法掌控属于自己的一切。因为，成为一个神圣的人却不为人所承认是极有可能的。要牢记这一点；也不要忘记，过一种幸福生活所需要的只是尽可能少的事物；不要因为你无望在辩证法

---

① 苏格拉底受“三十人暴政”政权（Thirty Tyrants）之命前去逮捕萨拉密斯人，但萨拉密斯人实在是无辜的，所以苏格拉底冒险抗命不去捕他。

与物理学领域有所造诣，就放弃做一个自由、谦恭、无私、敬神的人。

68

你可以不受任何束缚，在极度的宁静心神中生活下去，尽管全世界都在叫嚣着反对你，尽管野兽把你的四肢一根根地从你肉体的躯壳上扯下去。因为这一切并不能使心灵丧失宁静，并不能使它失去对外境之正确的判断力，并不能使它无法使用“它所能支配的事物”，所以对于所遭遇的一切，你的判断力依然可以说：“事实上你不过是如此，不管一般人说你是什么。”你是使用者，你依然可以对供你驱使的事物说：“我要寻求的正是你。”因为来到手边的事物，永远是供理性的与乐群的美德使用的资料，简言之，即人的艺术或神的艺术之资料。因为一切发生的事都与人或神有密切关系，既不新颖亦不难于应付，而是熟悉的并且易于处理的。

69

完美的性格应该是这样的——过每一天就好像是过最后一天似的，不激动、不麻痹、不虚伪。

70

不死的天神并不因为必须长久地容忍那样多的坏人而感觉烦恼；不，他们甚至于多方地照顾他们。但是你，虽然不久就要死了，却不耐烦地大叫起来，而且你自己也正是那些坏人之一。

71

力求自己免过，是可能的；欲令别人免过，是不可能的；薄责己而厚责于人，糊涂之至。

72

凡经你的理性与群性的能力所发现为“既不合于理性亦不合于群性的任何东西”，它一定是认为那东西不合于它自己的标准。

73

对人有恩，其人受惠，此外更何必再有需求——例如施惠的美名，或是回报？

74

受益之事，无人嫌其多；按照自然的法则行事，本身便是益处。所以不要疲于去做“既利己而又利人的事”。

75

宇宙整个的本性觉得不能不创造一个宇宙；但是现在一切发生之事物，若非全是依照自然因果关系而发生，便是甚至于由宇宙理性所亲自调理过的、最重要的事物也是毫无理性之可言。记住这一点，在面对许多恶劣事物时，便可以在心理上有更大之宁静。

卷八

01

在你的生命的全部中，或从你的青年时期以后的那一段里，你不见得能像一个哲学家那样生活下去，此种想法可以使你断了追求名誉的妄念。你可以明白看出，许多别人亦可明白看出，你与哲学相隔甚远。所以，你的生活是混乱一团，你无法再去赢得哲学家的美名，你一生的事迹也是与哲学相抵触的。如果你的眼睛确能看出真理之所在，就不要管别人对你作如何感想，只要你能按照自己的愿望去度过残生，无论其为长或短。要确有把握你的愿望究竟是什么，不要让任何东西烦扰你；因为过去的经验告诉你——你迷途有多么深，从未度过真正的生活。所谓真正的生活，并不在于逻辑的玄妙，或财富，或名誉，或享受，或任何地方。那么究竟在哪里呢？在做人性所追求的事情中。人应该怎样做呢？要有宗旨以充当“他的动机与行为”之泉源。什么宗旨呢？关于善与恶的性质者——“表示除使人变成公正、有节制、慈爱、勇敢、自由的事物以外对人无善之可言了；除使人变成与上述情形相反的事物以外对人亦无恶之可言”。

作为一个军人，奥勒留是干练的，武功赫赫，可为佐证。作为一个政治家，奥勒留是实际的。他虽然

醉心于哲学，并不怀有任何改造世界的雄图；他承袭先人余烈，尽力守成，防止腐化。他也做过蠢事，例如提携L.维鲁斯共理国事便是一个行不通的办法。他在统治期间权力稍嫌集中，其长处是为政力求持平，他用法律保护弱者，改善奴隶生活，蔼然仁者之所用心。在任内，他普建慈善机关，救护灾苦民众，深得人民爱戴。

——梁实秋批注

02

在每件行为中问你自己："对我发生什么影响？我会不会为之后悔？"过不久我就死了，一切皆空。只要我目前的工作是一个有理性的、有群性的人的工作，在与神共守的法则之下工作，此外更有何求？

03

由第欧根尼、赫拉克利特与苏格拉底看来，亚历山大、恺撒、庞贝算得什么呢[①]？因为他们观察事物，注意到其动因与实质，并且他们的理性乃是他们自己的。但是别人呢？多少事情使他们困扰，多少事物使他们身受奴役！

04

你尽管气炸了肺，他们依然要做同样的事。

---

① 第欧根尼（Diogenes），赫拉克利特（Heraclitus），苏格拉底（Socrates）都是希腊哲人。恺撒（Gaius Julius Caesar，前102—前44），庞贝（Gnaeus Pompeius Magnus，前106—前48）皆古罗马大将及政治家，他们均是军功赫赫的名人。

05

第一，自己不要发怒，因为一切事物皆是按照宇宙的自然之道而安排的，不久你即不复存在，不知所终，就像哈德良与奥古斯都一样[①]。第二，凡有所事，先沉着地观察并且认识其本来面目，同时记取你必须要做一个好人，做人性所要求的事，然后勇往直前，无有动摇。凡有语言，须自审其为全然恰当，要和蔼谦逊而无虚伪。

06

宇宙的自然之道必须做这一件事，把这边的东西搬到那边去，把它们变换一下，从这里把它们拿走，运到那里去。一切事物只是变换中的一面，但是不必惧怕有什么新奇的东西出现。一切事物都是旧的形式，而且其分布也是一样的。

07

每一种事物的本性，如能顺利地发展，都会自觉满足。理性的人性也可说是进展顺利，如果它在思想上不赞许任何虚伪的或含混的东西，除了有关群性的行为外不起任何动机，仅对于其所能支配的事物有所好恶，对于宇宙自然所分给它的一份表示欢迎。因为这理性的人性正是那宇宙自然之一部分，犹如一个叶子的本性是属于树的本性一般，但稍有分别：叶子的本性乃是一种无感觉、无理性的本性之一部分，容易遭受挫折，而一个人的本性则是一个不受挫折的、有理性的而且公正的自然之一部分。这理性的自然确实是分配均匀，给每个人以其应得的一部分时间、本质、形式、活动力与环境。你所要思考的，不是在每一情形之下一件东西是否等于另一件东西，而是集体地来看，这一部分的整体是否等于那一部分整体。

---

① 哈德良（Hadrian，76—138），罗马皇帝；奥古斯都（Augustus，前63—14），罗马第一任皇帝。他们均是后人经常视为代表“逝去的尊荣”的人物。

08

你不能求学，但是你不能放肆；你能超越于快乐与苦痛之上；你能把爱慕虚荣之心放在脚下践踏；你能对愚蠢的人和忘恩负义的人抑制你的怒火，甚至于还眷顾他们。

09

不要令人再听见你怨恨宫廷生活之苦。不，也不要令你自己的耳朵听见。

10

悔悟乃是忽略了“某一些有益的事物”之后的一种自责。“善”一定是有益的，真正的好人一定要努力行善，但是真正的好人却忽略了一项——快乐是永远不悔恨的。所以快乐既非有益亦非善。

11

这东西，就其单独的构成而言，其本身究竟是什么？其本质是什么？其形式如何？它在宇宙间做什么事？它能存在多久？

12

你睡醒懒得起来时，要想想：克尽对于人群的责任，乃是你的本分，乃是合乎人性的；而睡觉的本领，乃是无理性的动物与人类所共有的。凡合乎个人本性的亦即是较为亲切的、较为亲近的、较为愉快的。

13

要坚持！而且如属可能，要在每一情形下坚持，用物理学、伦理学与论理学的规则去考验你的印象。

14

无论遇到什么人，立刻向自己提出这样一个问题：“这个人对于善与恶有什么样的见解？”因为关于快乐与苦痛以及其起因，关于美名与恶名，关于生与死，如果他具有如此这般的见解，则我将不觉得其为新奇可惊；如果他有如此这般的行为，我将心里明白：“他是不得不如此做的。”

15

要记住！看无花果树上长了无花果而表示惊讶，那固然是糊涂；看宇宙产生出其所特有的成果而表示惊讶，也是同样糊涂。犹如一个医生或一个舵手，看见一个病人发热或天上起了逆风而表示惊讶，那也是糊涂。

16

要记住，改变主张与接受别人的矫正，并不能算是与真正的意志自由相抵触。因为只有你自己才能决心努力，使你的行为合乎你的动机、判断，甚至你的智慧。

17

如果选择之权在你，那么你为什么要做这事呢？如果不在你，那么你怨谁呢？怨原子或天神？无论怨哪一个都是荒唐行为，谁也不必怨。因为如果你能，就纠正那致误的根由：如果那也是办不到的，怨尤又有何用？凡无用的事都不该做。

18

凡是死去的东西，都不是被丢弃在宇宙之外——它依然存在于此，不过经过变化，化成为它原来的成分，那亦即是宇宙的元素，亦即是你自己的元素，是的，那些元素也经过变化而并不怨诉。

19

每一件东西，无论是一匹马或是一棵葡萄树，生来必有用。

这有什么可怪的呢？太阳神都会说：“我之存在乃是要做一些工作的。”其他的神亦然。那么你生来是为做什么的呢？为了享乐？当然不可那样想的。

20

每一事物有开始，有延续，亦有死亡，这都是被包括在自然界的目标之内的，犹如一个人掷起一只球一般[1]。球被掷起，有什么好处？球落下来，最后落到地上，又有什么害处？水泡凝结着有什么好处，破碎又有什么害处？灯焰也是一样的道理。

21

把肉体翻转过来，看一看是什么样子？到老的时候，病的时候，变为死尸的时候，它是个什么样子？

赞美者与被赞美者，怀念者与被怀念者，都只能延续一个短短的时期，而且也只能生活在这世界中的一个小小的角落里，并且还不能和谐共处，甚至一个人和他自己也不能协调。整个的世界也不过是一个点而已。

22

集中注意力于你面前的事物，无论其为一种行为，或是一个原则，或是其所代表的意义。

活该受这样的报应！因为你情愿明天做一个好人，而不愿今天做一个好人。

23

我正在做一点事吗？我是想有利于人群而做事。我遭遇了什么

① 奥勒留的祖父 Annius Verus 是当时最佳之球戏者，奥勒留本人亦娴球技。

事吗？我接受它，我认为那是神的意旨，我认为那是来自万物所由发生的本原。

24

试想洗澡时的状况：油、汗、泥、脏水，一切令人恶心的东西；我们的生活之每一部分和我们所遇见的每一件事物皆是如此。

25

鲁西拉埋葬了维鲁斯，然后鲁西拉被埋葬了。同样的，西空达埋葬了玛克西摩斯，然后是西空达她自己；哀皮丁卡奴斯埋葬了戴奥蒂摩斯，然后是哀皮丁卡奴斯她自己；安东尼·派厄斯埋葬了佛斯丁娜，然后是安东尼·派厄斯他自己。总是同样的故事在重演：凯勒埋葬了哈德良，然后凯勒也被埋葬了。那些机智过人的人，以预测未来和傲慢自负而闻名，如今安在哉？例如，卡拉克斯与柏拉图派学者地美特利阿斯，以及优戴蒙，及其他类似的人。全是些朝生暮死的东西，好久以前就死了！有些个死后不久就默默无闻了，有些个变成了传说中的人物，还有些个在传说故事里也消逝得无影无踪！所以要常想着，你的躯体一定要消灭的，你的一口气一定要断的，你一定要转到另外一个地方去的。①

① 这段文字提及的人物资料如下：玛克西摩斯（Claudius Maximus），斯多葛派哲学家，奥勒留敬爱的哲人之一；西空达（Secunda）是玛克西摩斯之妻；哀皮丁卡奴斯（Epitynchanus）大概是哈德良皇帝的随从之一；戴奥蒂摩斯（Diotimus）是哈德良皇帝宠爱的被释的家奴；安东尼·派厄斯，罗马第15位皇帝（138—161），为一贤明君主；佛斯丁娜（Annia Galeria Faustina）是安东尼·派厄斯之妻，卒于141年；凯勒（Caninius Celer），希腊修辞学家，哈德良皇帝的秘书，奥勒留的教师之一；哈德良（Hadrian），罗马第14位皇帝（117—138）；地美特利阿斯(Demetrius of Phalereus),3世纪希腊哲学家，雅典总督，亚历山大图书馆创立人之一。

26

一个人若能做真正的人的工作，会得到快乐的。真正的人的工作便是——对同类表示善意，对感官的活动表示轻蔑，对似是而非的印象下正确的判断，对宇宙自然及受宇宙自然之命而发生的事做全盘的观察。

27

你有三种关系：第一是对你自己的躯壳，第二是对于大家所遭遇的一切事物之所由发生的那个神圣的主宰，第三是对于你所共同生活在一起的人们。

28

对于肉体，苦痛是一种罪恶——那么就让肉体诅咒它吧。对于灵魂，苦痛也是一种罪恶，但是灵魂能使自己处于风平浪静的状态，可以不认它为一种罪恶。因为每一信念、动机、欲望与反感都是从内心而起，没有什么东西能从外面爬进去。

29

拭去一切妄想，永远对你自己这样说："我有力量让我的灵魂不藏邪恶或欲望，或任何使人烦扰的成分；而且我既能洞察一切事物之本性，我便该恰如其分地应付之。"要常常想着自然所给你的这种力量。

30

在元老院里说话，或对任何人说话，都要求其适当而且自然，要说坦白的话。

31

奥古斯都[①]的宫廷——妻、女、子息、祖先、姐妹、阿格利帕[②]、族人、家人、朋友们、阿瑞伊乌斯[③]、麦西拿斯[④]、医生们、卜者们——都死了，整个宫廷的人都死了！再看其他的记录，不仅是个人的死亡，而且是整个的家庭的死亡，例如庞贝[⑤]一家。那个著名的墓志铭："全族最后的一个"——试想想看，再想想此人的祖先，当初如何焦虑着要有后裔，但是究竟总有一个成为这一系的最后一个——这就是一个全家族的灭亡！

32

你需要用一件件的行为来建立起你的生活；并且要知足，如果每一行为都能尽量达到它的目标。没有人能阻止你的行为去达到它的目标。"但是可能有一些外来的阻力呢？"对于你的公正的、严肃的、聪明的行为不可能有任何外来的阻力。"但是别方面的活动能力若是受了阻碍呢？"那么就甘心情愿地接受那个阻碍，并且临机应变地转而去做另一桩合于建立生活的事情。

33

毫不狂妄地接受，毫不踌躇地放弃。

34

你已看见过一只手或一只脚被割掉，或是头颅从躯干上砍掉，

---

① 奥古斯都(Augustus)，显赫一时之罗马皇帝。

② 阿格利帕(Mareus Vipsanius Agrippa，前63—前12)，罗马政治家、地理学家，奥古斯都之军政大臣。

③ 阿瑞伊乌斯(Areius)，奥古斯都之宫中哲学家。

④ 麦西拿斯(G. Cilnius Maecenas，？—前8)，奥格斯格斯的顾问，文艺的保护人。

⑤ 庞贝(Pompey)，罗马共和国末期之大将。

身首异处。一个人若是不满于他所遭遇的一切，自绝于人寰，或行为乖戾落落寡合，那么他也正是同样的尽其所能地在残断他自己。你可以说是在某种情形之下脱离了自然的整体，因为你原是自然的一部分，而现在你把你自己割掉了。但是这里有一个奥妙的条件，你能再回到你的整体。任何其他的部分，一旦被扯开离散，上天都不准许它再回来。是的，请看上天的仁慈吧，他使得人类成为何等特别的庄严！他使人类有力量永不脱离整体，如果离开整体还可以回来和其他部分连为一体，重新恢复它的岗位，作为整体的一部分。

35

宇宙本性赋予每一理性的动物以一切的本领，所以我们也有这一项特长：宇宙的自然既能把所遇到的任何阻碍变成为有用之物，使之在命定的事物之中占一位置，使之成为宇宙的一部分；那么理性的动物便也能使每一阻碍变成于己有利之物而加以利用。

36

不要被想象中的整个人生的一幅图画所吓倒。不要悬想有多少苦恼在等着你。在当前每一事项中要反问自己：“在这一段经验中究竟有些什么是无法忍耐的？”你在供认的时候会要羞赧的。还要再提醒你自己，给你带来负担的不是过去，不是未来，乃是现在。如果你把它孤立起来，同时责备你的内心，何以这一点点烦恼都不能忍耐，那么你的苦痛也缩减到微不足道了。

37

潘姬婀[①]现在还守在她的夫君的坟墓旁边吗？或是波加摩斯[②]？

---

① 潘姬婀（Pantheia），是L.维鲁斯之妻，贤淑貌美。

② 波加摩斯（Pergamus），是L.维鲁斯之宠奴。

卡布利阿斯[1]或戴奥提摩斯还守在哈德良的坟墓旁边吗？荒谬的想法！可是真那样又当如何呢？如果他们一直坐候到现在，死人会知道吗？如果知道，会因此而高兴吗？如果高兴，悼者会因此而长生不死吗？这些人还不是和别人一样，命中注定会变成老翁老妇而终于死去？他们死了之后，他们所悼的那些人又该怎么办呢？全都是一个臭皮囊包着一汪脓水而已。

我很向往奥勒留这样的近于宗教的哲学。他不信轮回不信往生，与佛说异，但是他对于生死这一大事因缘却同样地不住地叮咛开导。佛示寂前，门徒环立，请示以后当以谁为师，佛说“以戒为师”。戒为一切修行之本，无论根本五戒、沙弥十戒、比丘二百五十戒，以及菩萨十重四十八轻之性戒，其要义无非是克制。不能持戒，还说什么定慧？佛所斥为外道的种种苦行，也无非是戒的延伸与歪曲。斯多葛派的这部杰作坦示了一个修行人的内心了悟，有些地方不但可与佛说参证，也可以和我国传统的“天行健，君子以自强不息”以及“克己复礼”之说相印证。

——梁实秋批注

38

你有锐利的眼光吗？“永远要聪明地善于使用它”，如哲人之所说。

---

① 卡布利阿斯(Chabrias)，哈德良之宠奴。

39

在一个理性的动物身上，我看不出有任何美德是与公道相抵触的，但是我却看出有一种美德是与享乐相抵触的——那便是节欲。

40

灭除你的有关“想象中的苦痛”之一切的感想，你自己就会得到绝对的安稳。什么是“你自己”呢？理性。但是“我”不是理性，姑认其为如此。无论如何，不要令理性使它自己苦痛，但是如果你的其他部分出了毛病，让它自己去作感想好了。

41

对于兽性，感官上的故障乃是一种缺陷，欲望上的故障亦然。同样的，植物亦有些故障，对于它们亦是一种缺陷。所以“认识上的故障”对于有智识的人也是一种缺憾；把这一番道理应用在你自己身上。苦痛或快乐，是不是在把握着你？让感官去考察一下。你努力做一桩事是否遭遇了故障？如果你的努力是在希冀无条件的实现，那么对于你这个理性的动物而言，其失败立刻即是一种缺陷了。但是如果你接受这普遍的限制，那么你还是没有受到损失，甚至是没有遭遇故障。老实讲没有人能阻碍内心的愿望，因为火、钢、暴君、诋毁，或任何事物，均不能触及它：“这个领域，一旦形成，将永远自足而本真。”

42

我若使我自己苦痛，那是不对的，因为我从来没有故意使别人苦痛过。

43

某一事物使某人高兴，另外一事物使另外一人高兴。对于我，如果我能维护我的主宰的理性于不坠，对于人以及人所遭遇的任何事物能不侧目而视，以慈悲的目光观察一切，就其本身具有的价值而接受，并且利用每一事物，那便是可喜之事了。

44

要把现实据为己有。追求身后之名的人，实在是没有了解将来的人们和他目前所不能忍耐的人们乃是一模一样的凡人。如果未来的人发出这样的或那样的声音，或是对你有这样的或那样的意见，与你又有何相干呢？

45

你可以把我拿起来随便丢到什么地方去。因为在那个地方我的本性仍是宁静的，换言之，仍将是怡然自得的——如果我的本性在它的自身及其活动中，仍能按照它固有的法则运行。

只为了换个地方，我的心灵便忐忑不安，自贬身价、匍匐、张皇、崩溃、恐惧，值得吗？什么事能值得它这样呢？

46

人不会遭过什么事而是人性所不可免者，犹如一头牛不会遭过什么而是牛所不能免者，一株葡萄不会遭遇什么而是葡萄所不能免者，一块石头不会遭遇什么而是石头所不能免者。所以，如果所遭遇的仅是一些自然的而且习惯的事，为什么要悲伤呢？因为宇宙自然不会带给你任何你所不能忍受的事。

47

你遭遇外界挫折而烦恼的时候，使你困扰的不是那件事情本身，而是你自己对那件事情的判断——这判断，你能立刻就把它消灭掉。但是，如果你自己性格中有点什么使得你烦恼，谁能妨碍你去纠正那该负责的观念呢？同样的，如果你为了未做应做之事而烦恼，为什么不着手去做，何必徒然烦恼？“但是途中有个狮子呀！”那亦不须烦恼，因为未做的责任不在你。“可是此事不做，生活不值得活下去。”那么就脱离生命，就如诸事顺遂的人一样安然就死，并且毫无怨尤地接受那些阻碍你的东西。

48

永远不可忘记：主宰的理性，在收摄中圆满自足的时候是坚强无敌的。所以它不做自己不愿做的事，并非基于什么道理，只是为了坚强作对，如果它对某事下一判断而且有理可据，其坚定当更有甚于此者。所以不被情感所控制的心灵，有如一个坚强的堡垒，一个人没有比这个更为易守难攻的堡垒去藏身的了。没有发现这堡垒的人是愚昧无知的，发现而不进去藏身是不幸的。

49

除了由初步的印象所获得的报告之外，不必对自己再多说什么！有人对你说，某某人在讲你的坏话；是有人这样对你说了，但是并没有对你说你受了什么伤害。我看出我的孩子生病——我是看出他有病，但是我并未看出他有危险。永远保持初步印象，不要从内心里去加补充，那么你便没有遭遇什么不幸。不过要补充这一点：世上一切可能发生的意外之事，你都是熟悉的。

50

“这条黄瓜是苦的。”丢掉它。“这条路上有荆棘。”转弯走。这就够了，用不着再加上一句：“为什么世上要有这种东西？”因为你会被通达自然之理的人所讥笑。犹之乎你到木匠铺或鞋匠铺去责问他们，为什么有锯木屑碎皮革，他们也要讥笑你。他们有地方去丢那些木屑碎皮，宇宙在本身以外却没有空间，可是宇宙之巧妙即在于此，虽然其本身是有范围的，但是其内部的一切衰老无用之物都能被变成为原来的本质，再度被创造成为新的事物。这足以说明宇宙自然不需要本身以外的任何事物，亦不需要一个丢弃破烂东西的角落。它所需要的仅是其自己的空间、自己的物质、自己固有的手艺。

51

做事不可迟缓，言谈不可杂乱，思想不可模糊；心灵不可完全倾注在本身上面，亦不可任其激动。生活中总要有一点闲暇。

“他们杀害我们，他们肢解我们，他们诅咒我们！”这如何能妨碍你的心灵，使之不能继续成为纯洁的、健康的、清醒的、公正的呢？试想一个人站在一个晶莹透彻的泉边咒骂，泉依然会汩汩地冒出鲜凉的水。丢进泥巴，甚至秽物，它也会很快地把它们冲掉而毫无污染。那么你怎样才能拥有一个永流不息的泉源，而不仅是一口井呢？只须随时小心翼翼地引导你自己进入自由的境界，益之以慈祥、朴素、谦和。

52

不知宇宙为何物的人，即是不知自己置身于何处。不知宇宙之目的的人，即是不知他自己是谁，或宇宙为何物，但是缺乏这些知识的人，实在也说不出他自己活着是为什么。那些对于不知自己是谁或不知自己置身何处的人所做的赞美，还想加以追求或避免者，我们将对之作何感想呢？

53

设有一人，一小时内咒骂他自己三次，你还想受他的赞美吗？设有一人，他对自己都不满意，你还愿他对你满意吗？一个人对他自己所做之事，几乎每一桩都表示后悔，他还能算是对自己满意吗？

54

不要再以能与大气一致的呼吸而自感满意，要从此刻起在思想方面能与那“普被万物的理性”息息相通，因为那理性无往而不在，到处献给那些能接受它的人，恰如空气由呼吸的人随意享用一样。

55

就全般而论，邪恶并无伤于宇宙；某一个人的邪恶亦无伤于其他的人们；它仅是有害于某一个人，而他亦可以立刻从伤害中解脱出来，只要他愿意。

56

对于我的自由意志，我的邻人的自由意志乃是无关紧要的，犹如他的呼吸与他的肉体一般地对我无关紧要。纵然人是生来彼此依赖的，我们的理性只是自家的一家之主，否则我的邻人的邪恶就会变成我的毒害——这不是上帝的意旨，上帝并不要我的不幸靠别人来决定。

57

太阳的光好像是向各方放射，但是它并没有把自己放射净尽，因为这放射乃是扩展。所以阳光在希腊文里意为伸展，因为阳光是在空间里的伸展。光线是什么，你很容易看出来。如果你观察阳光从一狭隙射进一间暗室，沿着一条直线射进，触到一件固体的东西，便被阻止了；它便停在那里，既不溜走，亦不下坠。人的心灵之照射亦复如是，不是把自身射散，而是把自己扩展，触及任何阻碍物时，永不留下激烈的撞击之痕，自身亦不破碎，而能稳稳地站立，并且能照亮那个东西。至于拒绝传导阳光的东西，那便是心甘情愿地丧失了阳光被伸展的机会。

58

怕死即或怕无感觉或怕新感觉。不过既然没有感觉，你便不会再感觉什么不如意事；既然是要换取另外一种新感觉，你便将有另外一种生命，但依然是生命。

59

人生是为彼此依赖的，所以要教导别人，或是容忍别人。

60

箭向一个方向走，心向另一方向走。但是心，无论在小心检讨或从事研究的时候，也都是一往直前，直奔目标。

61

进入每一个人的理性里去，给每一个人一个机会进入你自己的理性里来。

卷九

01

不公正即是不虔敬。因为宇宙生人就是要他们彼此互助，各按其价值而交相获益，并非为交相伤害；所以违反宇宙意旨者，显然的，即是对最有声望的天神不敬。

> 斯多葛派认为只有物质的事物才是真实的存在，但是物质的宇宙之中偏存着一股精神力量，此力量以不同的形式出现，如人，如气，如精神，如灵魂，如理性，如主宰一切的原理，皆是。宇宙是神，人所崇奉的神祇只是神的显示。神话传说全是寓言。人的灵魂是从神那里放射出来的，早晚还要回到那里去。主宰一切的神圣原则即是使一切事物为了全体利益而合作。人的至善的理想即是有意识地为了共同利益而与天神合作。
>
> ——梁实秋批注

谎言者也是对神不敬。因为宇宙的本质即是现存的万物的本质。现存的万物与过去曾经存在的万物具有密切的关联，这个本质即名为真理，并且是一切真实的东西之原始的动力。存心说谎者是不虔敬的，因为他的虚伪乃是不公正的，无心说谎者也是不虔敬的，因为他与整个宇宙之道不调和，与有秩序的宇宙之道相冲突，成为一个捣乱分子。一个人在行为方面肯与真理背道而驰，当然要陷于冲突之中，而且他本已秉有分辨真伪的能力，只因不去运用，遂致失掉了它。

一个人追求享乐，以享乐为善事；避免苦痛，以苦痛为恶事，那也是不虔敬的行为。因为这样的一个人，一定无可避免地要指责宇宙对于善人与恶人处置不公——恶人往往处于享乐之中，拥有可以获致享乐的东西；善人反要遭遇苦痛及可以产生苦痛的事物。并且怕苦痛的人总有一天要怕一些世上必须发生的事，那就是不虔敬。追求享乐的人，遇到不公正的事亦不肯罢手，这很明显的是不虔敬。

但是和自然一条心，并且按照自然之道行事的人们，对于宇宙自然所一视同仁的东西，一定也要一视同仁。因为自然若是对于二者（享乐与苦痛）不是一视同仁，便不会把二者都创造出来。所以一个人对于苦痛与享乐，死亡与生命，美誉与恶谤，以及一切宇宙自然同等看待的东西，若是不能同等看待，他明显的是不虔敬。吾所谓宇宙之对一切事物同等看待，乃是说：一切事情之发生都是毫无差别的，都是按照自然顺序的，无论就现已存在之事物或就其后果而言皆是如此，冥冥之中似有神意主宰。自然之造成这样秩序的宇宙，即是按照那个神意而不得不如此，她按照神意制定了“各种将要发生的事情”之基本原则；她按照神意赋予万物以“生长的力量、变化的力量”，以及我们所看见的交相嬗递的情形。

02

一个人离开尘世，从无“虚伪、欺诈、奢侈、傲慢”之经验，这当然是最幸运的事，如果办不到，则次好的情形便是：在厌倦这些事情的时候气绝身死。难道你情愿和罪恶在一起厮混？难道尝试了罪恶还不知道避之如毒疫？因为心的腐化比任何瘴疠之气还更为有毒。后者对一切生物有害并影响其生命，前者则对人类有害并影响其人生。

03

不要蔑视死，要迎受它，因为这是自然之道所决定的事物之一。解体乃是自然界的一个过程，与你一生中各个季节都是有关联的，诸如由年轻到年老，由逐渐成长而达到盛年，由生牙齿长胡须而头发灰白，由媾精而怀孕生产。一个人如果想通了这一番道理，便不该对死亡怀着冷漠、焦急或轻蔑的态度，应该把它当作为自然的过程之一来看待。静静地等待那个时间来临，你的灵魂将脱壳而去，恰似你等待着妻子把她怀着的婴儿分娩出来。

但是如果你想要一点心灵上的普通慰藉，那么帮助你从容就死的方法，莫过于考察一下你所要遗弃的环境，以及你所谓无须再行厮混的那些人物。厌恶他们固然是不对的，应该眷顾他们、善待他们，但是如果能想起你所要抛弃的并非是与你同道的人，那究竟是个慰藉。“人生之值得留恋，只是与同道之人可以共居而已。”但是你现在可以看出，和那些人格格不入，却还要同居共处，是多么令人难以忍受，或许你会吼起来：“死亡啊！不必迁延！否则我也许要忘形而放肆了。”

04

害人的人，实际是害他自己。不公道的人，实际是对他自己不公道，因为他使自己变坏了。

05

做某一桩事可能是不公道的，没有做某一桩事也可能是不公道的。

06

你现在的意见是根据正确的了解，你现在的行为符合公众的利益，你现在的心情是对一切外来的遭遇都能满足——这便够了。

07

排除幻想。控制冲动。扑灭欲望。把握住你的理性。

08

无理性的生物都享有一种同样的生命，理性的人都享有一种同样的智慧的灵魂。恰似尘世间的东西都是由一种尘土做的，我们有生之年所看到的光明是同一光明，我们所呼吸的空气是同一空气。

09

属于同一元素之事物，都想和同类聚在一起。凡是尘土做的东西都有归于尘土的趋向；液体都有流在一起的趋向；气体的东西也是一样，只有“阻碍与外力的干扰”才能使之分开；火性上升，由于天上的火所吸引，但与尘世间的火也很快地燃烧在一起，所以一切特别干燥的物质很容易燃烧起来，由于其本身较少抵抗燃烧的质素之故，所以说物以类聚。一切有理性的人，也是要互相吸引的，其愿望甚至更强烈一些。人之所以优于其他万物者，即在于他对于同类有较容易融合的能力。

在无理性的各种生物中间，我们可以发现有蜂群、牛羊群、鸟群，其中还好像有爱。动物的阶段即已有灵性存在，其“乐群的倾向之浓厚”是植物与木石之间所没有的。但是在理性的人类之间，却发现有政治集团、友谊、家庭、聚会以及战争中的缔约与休战。但是在更高阶级的事物中间，一种分离中的和谐状态依然是存在的，例如星体。所以升入较高形式，依然可以在分离的事物之间产生一种谐和的联系力量。

奥勒留和我们隔有18个世纪之久，但是因为他诚挚严肃的呼声，开卷辄觉其音容宛在，栩栩如生。法国大儒Renan于1881年说："我们人人心中为马可·奥勒留之死而悲戚，好像他是昨天才死一般。"一个苦修的哲学家是一个最可爱的人，至于他曾经做过皇帝一事，那倒是无关紧要了。

——梁实秋批注

看现今实际发生的事吧！如今只有理性的动物才忘记他们彼此之间的关联与吸引，只有在他们之间才缺乏呼朋引类的迹象。不过尽管逃避，他们依然要落在自然的网罗里，因为自然之道是不可违的。你仔细观察，就会发现确乎是如此。无论如何，一件不着尘埃的尘土做的东西，总比一个完全与人世间隔离的人要容易找得到。

10

他们全都产生果实——人、神与宇宙，各按其季节而生产。平常的说法，所谓果实只是指葡萄及其类似之物而言，但这并不紧要；为大家，为自己，理性也有果实，其果实也是类似理性的本身。

11

如果能够，你要纠正那些行为错误的人；如果不能，要记住你有的是慈悲心来应付这个局面。天神对这样的人也是慈悲的，甚至于为了某种目标而与他们合作——帮助他们获得健康、财富与名誉，他们确是这样的好心肠。你也可以这样，谁还能拦着你不成？

12

做你的工作，不要像是做苦工，也不要希求别人的怜悯或赞扬。只可希求一件事，那便是，做或不做都要接受公益心的指导。

13

今天我脱离了一切烦恼，也可以说是抛弃了一切烦恼，因为烦恼不在外面，是在里面，在我自己的想象里。

14

这一切全是司空见惯之事物，在时间上是朝生暮死的，在本质上是低贱的。现今的一切事物都和我们已埋葬了的人们所处的时代完全一样。

15

客观的事物全在门外站着，孤零零的，既不认识自己，对自己亦没有什么意见。是什么使我们对他们有所衡量呢？理性。

16

有理性的好合群的动物之善与恶，不在于其消极被动，而在于其积极主动，恰如其美德与罪恶也是不在于消极被动，而在于积极主动。

17

投掷一颗石子到空中，其降落并没有什么不好，其上升也没有什么好。

18

透穿到他们的内在的理性，你就会明白你所惧怕的裁判官，究竟是什么样的人，他们对他们自己的裁判究竟所值几何？

19

改变乃是普遍的经验。你自己是在经历一个永无休止的变迁，也可以说是腐化：是的，整个的宇宙亦然。

20

别人的错误行为应该由他自己去处理。

21

活动的停止，情感与思维的休歇，也可以说是它们的死亡，都不算是罪恶。试想你的一生：婴年、童年、成年、老年，在变化的梯阶上，每一步都是一次死亡。这其间有什么可怕的呢？试想你自己在祖父膝下的生活，再想想在你母亲膝下的生活，再想想在你父亲膝下的生活，你会发现有许多异样变化与休止，问一问你自己："这其间有什么可怕的呢？"不，没有任何可怕，就是在你整个的一生到了结束、停止、变化的时候也没有什么可怕。

22

赶快去省察你自己的理性，宇宙的理性，你的邻人的理性。省察你自己的理性，以便使它公正；省察宇宙的理性，以便时常记取你是其中一部分；省察你的邻人的理性，以便知道他是愚蠢还是聪明，同时还可反想一下，他的理性和你的是否相差无几。

23

你自己既是人群组织的一分子，你的行为也应该使之成为共同生活中的一部分。你的行为之直接或间接与这共同目的无关者，皆足以把你的生活变成为孤独，毁坏人群之完整性，创造分裂，恰似一个在社会中落落寡合的人，远离人群，与大家不能协调。

24

小孩子们争吵，嬉戏，可怜哉“负担着尸体的小灵魂”——死的现象，可以使我们更清晰地认识现实。

25

照直地去体会使一件东西成为一件东西的那个动因，在把那物质的部分隔离开后，再加以观照。然后决定每一事物在此种条件之下，能存在的最大期限究竟有多久。

26

你遭遇无穷的苦恼，只因你不满足于“理性之按照其组成部分”去行事。不必再多说！

27

有人责骂你，或对你表示出这种情绪时，立刻面对他们的心灵，钻到他们的心灵里去，看看他们到底是什么样的人。你就可以了解，他们对你的想法，你根本无须介意。可是你对他们还要怀着善意，因为自然界要他们做你的朋友。天神也曾想用各种方法帮助他们，例如托梦与神谕，去达到他们所愿达到的目标。

28

宇宙的运转总是一个样子的，从上到下，从一周期到另一周期。宇宙的心灵也许在各别场合之中，起动机要有所作为——果真如此，你只好接受其后果——也许一劳永逸地只起一次动机，以后的事物只是顺次发生；这两种情形中，究竟发生哪一种情形，毫无关系，因为你可以说：“这世界不过是原子而已。”至于整个宇宙，如果有神明，一切都会安排得好，如果只是偶然的机遇——你也只好被偶然的机遇所支配了。

不久我们全都会被埋到土下面去，土不久也要变，其结果是一变再变，以至于永久。一个人想到这永无止境的变迁，以及其变迁之速，他对世间一切都会不加重视。

29

世界的动因像是一股激流，能挟一切以俱去。那些忙着搞政治而自命为哲学家的可怜虫，是多么不足挂齿啊！全是一些未脱襁褓的蠢材！那么，你意下如何呢？自然之道要你做什么就做什么，努力做！如果你有这一份力量，不要彷徨四顾怕为人知。不要梦想乌托邦，有一点点进益就要知足，要将任何成果视为微不足道。因为谁能改变别人的意见呢？意见既不可改变，我们只能使人佯为信服之状，实则如奴隶一般被迫不得不如此罢了。算了吧！请你谈谈亚历山大、腓力普、法来容的底密特力阿斯[①]。他们是否体会到了大自然的意旨，而且训练自己以符合那意旨，那乃是他们自己的事。但是，如果他们扮演了悲剧主角，没有人会怪我不模仿他们。哲学的工作是简单而谦逊的：莫使我走入狂妄自大的歧途。

30

对世界作一鸟瞰，看看那无穷尽的人丛、无穷尽的仪式，风暴或平静的海上航行，以及由出生而盛年而老死之人生变化。再想想，别人老早以前所过的生活，将来在你以后的生活，以及现在野蛮国家所正在过着的生活；多少人从来没有听见过你的姓名，多少人很快地就会忘记它，多少人现在也许赞美你而很快地又会诋毁你；身后的美名，现世的声誉，或任何事物，都是不足道的。

---

① 腓力普（Philip），马其顿霸权之创立者，亚历山大之父。底密特力阿斯（Demetrius of Phalerum），雅典之雄辩家、政治家、哲学家、诗人，生于公元前 340 年。

31

对外来的一切不惊不慌，从内心主张而有所作为则保持公正；换言之，动机与行为全表现为对社会责任的切实履行，因为这符合你的本性。

32

许多不必要的烦恼你都可以摆脱，因为那些烦恼完全存在于你的想象中。你立刻就可以进入一个宽阔的境界——如果你把整个宇宙纳入自己的心中，把永恒的时间收入你的识界，体察各种事物之各个部分之无时不在急剧变化，由生至死之时间的短暂，以及生前的时间之浩瀚无涯，只有死后之无边的岁月差可比拟。

33

你的眼睛所能看到的一切，不久就要消灭，看着那一切消灭的人们，同样地不久也要消灭；在侪辈中后死的人和那早年夭折的人在坟墓里是一模一样的。

34

这些人的理性是怎么回事？他们苦苦追求的是些什么东西？刺激他们的爱恋与尊荣的又是些什么动机？用心眼去看看他们赤裸可怜的小灵魂吧！他们以为他们的咒骂就有害处，他们的赞美就有好处，真是何等的狂妄！

35

损失与变化，完全是一回事。宇宙自然之道就喜欢变化，由于自然之道，现在的一切事物得以完成，亘古以来即是如此，将来以至永恒亦将如此。那么你为什么要说："一切事物都是坏的，并且将是坏到终极，并且神虽众多而并无裨益，并不纠正那些坏的事物，使得这宇宙被一连串的罪恶所束缚？"

36

腐朽的种子存在于一切事物的基本质料里——水、土、骨、气！再说，大理石不过是小块的泥土，金银不过是渣滓，服装不过是一堆毛，紫颜色不过是一摊血。一切其他，亦复如是。灵魂也是另外一个类似的东西，容易从这个变成那个。

37

这苦恼的一生，充满了怨愤与荒唐，实在令人厌烦啊！何必愤怒呢？这有什么新鲜？你惊讶的是什么？原因何在？要仔细考察一下。其本质如何？也要仔细考察一下。除此二者以外，便什么也没有了。讲到天神，现在虽然已经到了迫不及待的时候，你最好向天神表示，你是一个变得更为淳朴更为优秀的人。

你从这些苦恼的事所得的经验，延续了三百年或三年，那全然是一样的。

38

如果他做错事，是他造孽，也许他没有做错呢？

39

也许有一个智力的泉源，以后一切事物皆从那里发生而集合成为一个整体，那么其中的分子，便不该抱怨为全体利益而做的事。也许只是一些原子，除了原子的杂凑与分散便什么也没有。那么你何必烦扰不安呢？对你的理性这样说："你死啦！你朽啦！你变成一只野兽啦！你是一个伪善者！你是牛群里的一头牛！你和牛一起去吃草！"

40

天神不是没有权力，便是有权力。如果没有权力，何必向他们祈祷？但是如果有权力，为什么不祈祷他们令你不怕"你所怕的东西”，不希冀“你所希冀的东西”，对任何事情根本不感哀伤。何必枝枝节节地祈祷“他们准许这事发生”或“拒绝那事发生”呢？因为，很明显地，如果天神能帮助人，在这一点上是能帮助人的。但是也许你要说：“天神已经把这些事交由我来处理了。”那么，你就像是一个自由人似的，运用你的权力，不胜似奴隶一般地为自己无权处理的事而烦躁不堪吗？谁告诉你说关于我们有权处理的事，天神不与我们合作？无论如何，为这些事而祈祷，看看结果如何。一个人祈祷：“我怎样才可以和那个女人睡觉！”你：“怎样才可以不起和她睡觉的欲念！”另一人：“我怎样才可以摆脱那个人！”你：“我怎样才可以不起摆脱那个人的愿望！”又一人：“我怎样才可以不失掉我的小孩！”你：“我怎样才可以不怕失掉他！”简言之，要这样祈祷，看看结果如何。

41

听听伊壁鸠鲁[1]的说法：“生病的时候，我不谈任何有关身体感觉的话，也不对任何来探病的人谈这些话，我只是继续谈论自然哲学的要点。特别着重这一点，心灵既然不能不共享肉体的感觉，如何可以不受烦扰而保障其固有之优越。同时我也不让医师们妄自尊大，好像他们是在做什么了不起的事，我照常快乐地生活下去。”如果你生病，要模仿他，遭遇其他任何紧急情况时亦然，因为每一派别都公认在遭遇困难时不可放弃哲学，亦不可和那些不学无知的人一起胡言乱语……专心致志于你目前的工作及你的工作所用的工具。

42

你因为一个人的无耻而愤怒的时候，要这样地问自己：“那个无耻的人能不在这世界存在吗？”那是不能的；不可能的事不必要

---

① 古代伊壁鸠鲁学派哲学之创立者。

求。这个人只是必须在这世界存在的若干无耻的人之一。对于流氓、骗子或任何做坏事的人，都应作如是观。因为只要记着这类人是必须存在的，就会立即对这类人发生一些较好的感想。下述想法也是很有益的："针对着每一种错误行为，大自然给了人类什么样的美德呢？"针对着无情的人，大自然给了我们同情，对另外一种人又有另一种美德来抵消。

在任何情形之下，你都有力量去教训一个误入歧途的人，把他的错误指明给他。因为每一个做错事的人，都是认错目标而误入歧途。并且，你有什么受害之可言呢？你会发现，使你着恼的人们，其中没有一个做了任何足以伤害你的心灵的事。你所谓的吃亏上当，完全是存在于你自己的心里。

一个糊涂人做糊涂事，这其间有什么害处？有什么稀奇？注意是否你该怪你自己？如果你没料到他是如此糊涂地做事。因为你的理智应该能使你获致大概必至如此的结论。而你居然忘怀，对于他的错处表示惊讶！

最要紧的是，指责一个人忘恩负义时，你要反省。因为很显然的这错误是在你自己！无论你当初是信任了这样的一个人会对你守信义，或是在施恩时，并未于施舍过程中获得全部满足而希冀将来有所取偿。

你做一件善事，除此之外还有什么可希冀的？你做了一些与你本性相合的事，难道这还不够？你还想有什么报酬吗？好像是眼睛能看也要索酬，脚能走路也要索酬，眼和脚就是为这特殊工作而设的，做了这工作才算是尽了本分。人也是一个样，生来就是为加惠于人的，对人有恩惠或是用任何别的方式对公共利益有所贡献时，他正是尽了本分，得到了所应得的报酬。

卷十

01

我的心灵啊！你会不会终于成为善良的、简朴的、单纯的、赤裸的，比那包覆着你的那个躯体更为显而易见？你可能享受到一种亲爱温柔的甜蜜的心情？能否达到充实的境界，自给自足、无所希冀，对于有生命的或无生命的东西，不怀任何欲念以恣享乐；既不追求长生以便长久地享乐，亦不追求什么胜利，而能满意于你的现状；欣赏你目前所有的一切，确能自信你目前所有的一切均系来自神明；凡神明所喜悦的，一定也永远适合于你；并且确信神明以后也将为了保持这个“善的、公正的、美的、无所不包无所不涵的，创造万物育煦万物的”宇宙自然，而继续赋予你一切；那一切毁灭之后，再出现同样的新的事物；你是否能终于与神明和人类和平共处，不挑剔他们，也不受他们的责骂？

斯多葛派哲学可以分为三个部门：物理学，论理学，伦理学。这一派物理学的内容，简言之，即是唯物主义加上泛神论。讲到这一派的理哲学，又含有两部分，一是辩证法，二是修辞学，二者都是一切思考的工具。奥勒留对于这二者都不感兴趣，犹之对于物理学部门中之气象学不感兴趣一般。他感兴趣的是伦理学方面。据斯多葛派哲学，人生最高理想即是按照宇宙自然之道去生活。

——梁实秋批注

02

体察一下你的本性所要求于你的是些什么？因为你是只受“你的本性”所支配的，然后就高高兴兴地去做；如果这样去做，你的本性作为一个活人不至于受损。其次便是要体察：“作为一个活人的本性”所要求于你的是些什么？你必须完全接受这个要求。如果作为一个有理性的活人，你的本性不至因此而受损；凡是合于理性的，亦即是合于人群的；要符合于这些原则，此外无须旁求。

03

一切发生的事，你天生地适宜于忍受，或不适宜于忍受。如属前者，不必抱怨，按照你能适应的能力去忍受好了。如属后者，亦不必抱怨，把你毁掉之后它自身亦将消灭。无论如何你要知道，你本来有忍受一切的能力：一件事之可否忍受，完全取决于你的想法，取决于你是否以为这样做符合你的利益与义务。

04

如有人犯错，好好地指点他，告诉他错在哪里。如果办不到这一点，那就责怪你自己，甚至连自己也不必怪。

05

你所遭遇的事乃是自永恒起就为你安排下的，其盘根错节的因果关系，也是自永恒起即已安排下了，把你的生命和某一事件之适时发生交织成为一个组织。

06

无论这宇宙是一团原子或是自成为一个自然的体系，有一点是可以确信不移的：我乃是受自然控制的这个宇宙之一部分。第二，我与其他同性质的各部分有密切的关系。因为常常记着我是其中的一部分，则对于这整体所分配给我的任何事物将不至愤懑。对整体有利的绝不会对一部分有害，因为整体不含有对本身不利的东西，一切事物都有这样的一个共同原则；而宇宙自然有一格外的特点——不受外力压迫而产生任何有害于本身的事情。

只要我记着“我自己是这样的整体之一部分”，我对一切发生之事就会感觉愉快，只要我与同类的各部分保持密切的关系，我便不会做任何背叛人群的事；我会关心与我们同类的各分子，尽全力去做有关公共利益之事，不做任何与这相反之事。这样做了，生活一定会顺利地进行下去，恰似一个为大众谋福利的公民，他高高兴兴地接受国家所交派的任务，一定是生活愉快的。

奥勒留关心的乃是如何做与公共利益相符合的事，他的生活态度是积极入世的。

——梁实秋批注

07

整体的各个部分，宇宙所有的一切，不可避免地要消灭。所谓“消灭”即是“变化”之谓。但是如果这个过程对他们而言是件坏事，而且是不可避免的坏事，那么整体也必永远不能满意地工作下去；因为各部分总是在变而又变，并且生来就注定要在不同方式下消灭的。难道宇宙自然动手把坏事带到她自己的各个部分，不仅使各部分陷入罪恶，而且必然地陷入罪恶？难道宇宙自然不知道其情形是如此的？这两种可能均不足置信。

但是假使我们把“宇宙自然”这个名词撇开不提，并且解释说这些事物乃是“自然的”如此这般，那么一面主张说整体中各部分自然地要有变化，一面对于各种事物之解体成为原来的组成分子又表示惊讶与苦恼，这态度实在是太荒谬了。因为，我所组成的原质总有一天要分散，再不然就是要起一种变化，由固体变为泥土，由精神变为空气，经过变化后复归于宇宙的理性里去，轮回地由火来烧炼，或是借了无穷的变化力而推陈出新。

所以，不要以为那固体和精神，是在你生的时候即已开始属于你了。那只是昨天或前天，由于你吃的东西与你吸的空气而长成的。要起变化的乃是你所摄取的这一部分，并非是你的母亲胎里的产物。纵然你的母亲所生的那一部分和你后来生长的一部分有密切的关系，我认为这种想法对于我们的论点并无任何影响。

08

假设你自己享有这些美名：一个好人、一个谦逊的人、一个说实话的人、心地明白、富有同情、胸襟宽阔，要注意这些美名是不可更动的。如果你失掉这些美名，要赶快弄回来。要想着，所谓“心地明白”者乃是说“你能洞察一切而且思想彻底”；所谓“富有同情”者乃是说“你甘心情愿地接受宇宙所分配给你的那一份”；所谓“胸襟宽阔”者乃是说使我们的心情超然于“肉体方面的苦乐顺逆”、超然于“虚名的追求、对死亡的恐惧，以及其他类似之事”。只要使你自己有资格享有这些美名，不汲汲于要别人这样地称赞你，你便是一个新人，并且进入一种新生活了。因为顽固不化，便由着生活来腐蚀；这表示一个人之过分的迟钝与过分地迷恋人生，与竞技场中和野兽搏斗而被半吞噬的人们真可以等量齐观；已经血肉模糊，还要乞求再活一下，明天再被投入场中，再带着残伤，让那利爪锐牙再撕扯一顿。

那么，你就拥有这几项美名吧，如果你能保持这些美名，你就像是一个已经航行到“幸福之岛”的人一般。但是如果你还觉得是在漂流不定，不能到达目的地，鼓起勇气到一个你能稳操胜券的角落里去，或是甚至整个地舍弃这人生；不是出之于愤懑，而是出之于单纯、自由、谦逊，总算在这一生中把这一件事做好，这样从容地离去人生。帮助你记住这些美名之最好的办法便是：常常想着神明，神明要的不是谄媚，要的是一切有理性的人都要和他们一模一样，一个人应该做一个人的工作，犹之一株无花果树应该做一株无花果的工作，一条狗应该做一条狗的工作，一只蜜蜂应该做一只蜜蜂的工作。

在奥勒留看来，自杀有时候是允许的，尤其是外界环境使美德的生活成为不可能时，或一个人发现自己无法过一种真正的生活时。

——梁实秋批注

09

嬉戏、战争、怯懦、麻木、奴役——这些事一天天地会把你这崇奉自然者所理解的、所接受的那些神圣原则完全抹杀掉。但是你对一切事、做一切事，都要做到这一地步，眼前的工作要办得通，同时思虑要运用得周到，由真知灼见而来的自信心要稳定不移、含蓄不露，而又光明不晦。

你什么时候才能享受“由淳朴而来的快乐”？“由尊严而来的快乐”？“由认识各个事物而来的快乐”？其本质如何，在宇宙中占有如何位置，寿命可以延长多久，组织成分如何，能属于何人，谁能把它给人，谁能把它取走？

10

一只蜘蛛捉到一只苍蝇而沾沾自喜，一个人捉到一只兔子而沾沾自喜，另一人网得一条小鲱鱼而沾沾自喜，又一人捕得野猪而沾沾自喜，更有一人获熊而沾沾自喜，还有一人击败了萨玛西亚人[①]而沾沾自喜。你若是考察一下他们的行为的原则，这些不全是强盗吗？

11

对于万物之交相变化，试做一系统的观察，密切注意这一门学问，勤加研究。能使胸襟开阔的学问盖无过于此者。一个人若肯这样做，他就会撇开他的躯壳，而且一经觉悟到，他几乎立刻必须放弃一切、远离人寰，他就会全神贯注地在行为中力求公正，在任何遭遇中都会把自己交给宇宙自然。别人对他如何议论、如何存想、如何对待，他根本不加考虑，因为下列二者使他心安理得——现前一切行为是公正的，现前的命运是满足的。他放弃一切烦恼与野心，他别无愿望，他只要依照自然法则坚守一条正途，寻到正途之后便追随神明的步踪。

12

需要自己决定如何去做的时候，何必迟疑？如果你能看清自己的路子，高高兴兴地走去，不要转向；如果你看不出路子，退回去和顶高明的人商量商量；如果有什么别的障碍发生，秉持显然公正的原则，尽可能审慎地向前迈进好了。因为一举成功固然最好，不成而失败将是唯一的失败。

悠闲而不慵懒，愉快而又镇定，做一切事均追随理性者即是如此。

---

① 萨玛西亚人（Sarmatians）于 174 年左右成为罗马之敌人。他们乃斯拉夫民族之一，居于现今之波兰与俄罗斯一带。其妇女亦骁勇善战。

13

从睡眠中醒来立刻就要问你自己:“如果由别人做一桩公正合理的事，而不是由你做的，这在你看起来可有什么不同吗?”没有什么不同。难道你已经忘记了，对别人妄加毁誉的人，在床上、在饭桌上总是这个样子的;他们做的是些什么事?他们避免的与追求的又是些什么事?他们如何偷窃掠夺，不用手脚，用的是他们最珍贵的那一部分，靠那一部分一个人可以产生出信仰、谦逊、真理、规律与良好的“精神”。

14

有良好教养的谦逊的人，对有权给予、有权收回一切的大自然说:“你愿给什么就给什么，你愿收回什么就收回什么好了。”但是他说这话并无逞强之意，只是出之于纯然的服从与善意。

15

你没有多久的时间可活了。要像是住在山上一般地活下去;因为无论住在这里或那里都没有关系，只要他能像是一个世界公民似的生活下去。让人们把你当作一个按照自然之道生活的人看待。如果他们不能容忍你，让他们杀掉你。因为这样总比过他们那样的生活好些。

16

从此莫再讨论一个好人应该是什么样子，去做一个好人!

17

要不断地把时间看作一个整体，把本质看作一个整体，把每一件个别的事物在本质上看作一个无花果的种子，在时间上看作钻子的一转。

18

对于每一存在的事物仔细注意，要想着它是已经在解体中，在变化中，也可说是在腐化与消散的状态中，或是要想着一切事物天生都要死亡。

19

人们在吃东西、睡觉、交媾、排泄及做其他事的时候，是怎样的一副丑态！盛气凌人的时候，妄自尊大的时候，自己高高在上而还愤愤不平，或是责难别人的时候，又是怎样的一副嘴脸！其实刚刚不久以前，他们对多少人俯首听命，为了什么样的事而忍气吞声，再过不久他们又当如何呢？

20

宇宙自然所带给每一事物的都是对那一事物有益的，而且是在于它有益的时候带给它。

21

大地是和霖雨相恋爱，庄严的天空也是在恋爱中。宇宙也是像在恋爱中一般热心地去生产一切必须生存的东西。所以我对宇宙说："我要和你一道去爱。"我们是不是有这么样的一种说法："这个东西或那个东西变成这个样子？"

22

或是你生活在这里并且已经觉得习惯；或是你离开这里到别的地方去，并且完全出于自愿；或是你尽完了职责而死掉，此外别无他途，鼓起兴致来吧。

23

永远要看清楚，一个人居住的地方就是像我所告诉的那样，在山顶、海边或任何你所欢喜的地方，情形完全是一个样。你会发现柏拉图的话颇为适切：“被城廓所环绕，犹如在山上挤羊奶时被群羊所环绕。”

24

我那主宰的理性究竟是什么，我现在使它成为什么？我现在是怎样地用它？它是不是没有智慧？是不是与乐群善邻的天性完全隔绝？是不是与肉体沆瀣一气以致被肉体所支配？

25

弃主远扬的人便是一个逃亡者。法是我们的主人，违法的人便是逃亡者。被悲哀或愤怒或恐惧所激动的人，总是希冀“那宇宙的主宰或支配人生命运的法则”能使“过去已经发生的、现在正在发生的或未来将要发生的”某一些事不发生。所以被恐惧或悲哀或愤怒所激动的人便是逃亡者。

26

一个人把精虫放进子宫里，走开了，然后另外的机缘把它接过去，在上面下功夫，制成一个婴儿——这工作完成得何等美妙！婴儿吞食下咽，不久另一机缘把它接了过去，制造感觉与动作。简言之，赋予生命以力量，以及许许多多稀奇奥妙的东西！想一想这一些在暗秘中完成的事，侦察那个动因何在，恰似我们侦察那使一件东西下去、另一件东西上来的那股力量一般；虽然用眼睛看不见，但并不因此而看不清楚。

27

不断地想着：目前存在的东西，远在我们有生之前即已存在，而且须知在我们身后将依然存在。把你经验中所看见过的，或从历史上学得的，一幕又一幕的重复的戏剧表演，都放在你的目前温习一遍，例如，哈德良[①]之整个朝廷，安东尼·派厄斯之整个的朝廷，腓力普之整个的朝廷，以及亚历山大的，克罗索斯[②]的。这些情景与我们目前所见的毫无二致，只是演员不同。

28

为了任何发生的事而感苦恼或不满的人，应视为在祭祀时作牺牲而挣扎嘶叫的一头猪；一个人独自躺在床上，默默地伤叹着命运的枷锁，也像是那头猪。须知只有理性的人，才会自动地接受一切，盲目地服从乃是一般生物的必然现象。

29

做每一件事，逐步停下来问自己："死亡是不是可怕的，为了不能做这一件事？"

30

人的错误行为使得你震惊吗？回想一下你自己有无同样的错误；例如，把钱当作好东西或乐事，或追寻无聊的美名等。因为这样一想，你便很快地忘记愤怒，并且还可以自行宽解——这人是不得已的，他有什么办法呢？或是，如果你有办法，铲除那不得已的情形。

31

见萨提隆，就要想起苏格拉提克斯，或优提克斯，或海门；看见优弗拉提斯，就要想起优提济昂，或西凡诺斯；看见阿西佛龙，就要想起超派奥佛勒斯；看见塞佛勒斯，就要想起赞诺芳或克利图；看看你自己，就要想起已往的恺撒之一，到处均可依此类推。

---

① 哈德良以豪华之宫廷著名。

② 克罗索斯（Croesus Lydia）国王，以豪富著称，统治时期是前 560—前 546。

然后你再想想：他们如今到哪里去了？不知哪里去了，没人能说是什么地方。因此你应经常视人事若烟云；尤其是当你想到凡事一经变化即永不存在的时候，更应作如是观。那么何苦勉强挣扎呢？为什么不以优游地度过这短暂的人生而自满呢？[①]

何等的资料，何等的工作机会，都被你放弃！这不全是为了精确考察人生全部而运用理性的对象吗？继续运用你的理性，直到你已吸收了那些真理，犹如健强的消化吸收了食物，熊熊的火把投进去的一切变成了光与热。

32

不要令任何人有权指说你不是一个诚恳的人，不是一个好人，要令任何对你做此种观感的人，成为说谎的人——这一切由你决定。因为谁能阻止你成为诚恳与良善的人？如果不能成为这样的人，下决心不要再活下去。因为在此种情形之下，理性也不坚持要你活下去。

33

讲到我们的人生资料，怎么说、怎样做，才算是合于健全之道

① 此段提及的人物资料如下：萨提隆（Satyron），与奥勒留时代相近之哲学家；苏格拉提克斯（Socraticus），较早之哲学家；优提克斯（Eutyches），较早之哲学家；海门（Hymen），较早之哲学家；优弗拉提斯（Euphrates），作者撰文时尚存之苦修派哲学家，主张哲学家应为干练世务之人，行政人才，法官，被哈德良命令服药死；优提济昂（Eutychion），较早之哲学家；西凡诺斯（Silvanus），较早之哲学家；阿西佛龙（Alciphron），作者撰文时以前不久尚存之诡辩家；超派奥佛勒斯（Tropaeophorus），较早之哲学家；塞佛勒斯（Severus），亚里士多德逍遥学派哲学家，可能是作者的女婿之父；赞诺芳（Xenophon），希腊历史学家、哲学家，生于公元前430年；克利图（Crito），苏格拉底的朋友。

呢？怎么说、怎样做，到头来还是由你自己来决定。不要推托说你受了什么阻碍。

你永远不会停止抱怨的，除非你有一天能随时随地利用人生资料，有如享乐者之纵情于耳目声色之娱。因为一个人按照本性做事，应该被视为一种享受，而且到处他都有力量这样去做。

我们知道，一个圆筒并没有力量到处滚转，水、火或任何其他由自然控制的东西，或由无理性的灵魂所控制的东西，均不能自主活动。但是智慧与理性却能按照他们的本性与意志冲破一切障碍向前迈进。试为悬想，理性之突破障碍是如何的顺利，犹如火之向上，石之下落，圆筒之就坡而滚，无所顾虑。其他一切障碍，或仅是影响这死板板的肉体的躯壳，或除非经由想象及理性本身之许可，全然不能对我们有何伤害，否则受打击的人立刻要变坏了。

讲到其他一切的生物，其中任何一项如果遭遇什么灾害，其本身必定吃亏。但是一个人遭遇这种情形，善于利用灾害，会变得更好，更值得称道。简言之，要记住：自然既已使你成为一个市民，凡不损及于市者，当然亦不会损及于你；不损及自然法则者，当然亦不会损及于市。所谓意外之事，没有一件伤害到自然法则。那么不伤害自然法则者，当然亦不会有损于市及市民。

34

对于一个有道之士，浅显而至简的格言即足以警醒他勿陷入悲哀与恐惧。例如：

“芸芸众生犹如风扫落叶。”

你的儿女即是小小的叶子。大声喊叫，以为有人会听的人们，散布谀辞的人，或是相反地散布咒骂的人，或是背后诋毁的人，都是些叶子。给我们传递身后美名的人，也是些叶子。因为这一切“到了春季便又发芽”，不久风又把他们吹落，树林中再生出新叶子代替他们。短暂是一切事物的共同命运，但是其中没有一桩——

你不苦苦追求或避免，好像那是永久存在的一般；过不了多久你便将闭上眼。是的，抬你入墓的那个人，不久将又有人为他唱起丧歌。

35

一只健全的眼睛应该能看到一切可看到的东西，但是不能说：“我只要绿颜色的。”因为那乃是一只病眼的特征。健全的听觉与嗅觉，应该能听到嗅到一切可听到可嗅到的东西。健全的消化力对于一切营养品，应该像是磨坊对于谷类一般予以加工磨制。同样的，一个健全的心应该准备应付一切遭遇。但是这心如果说：“让我的儿女获得安全！让一切人赞美我的一切举动！”这心便无异于是专找绿颜色东西的眼睛，或专找软东西的牙齿。

36

没有一个人是如此之幸运，临终时身边没有一两个人表示欢迎他的不幸的遭遇。尽管他是一个好人、聪明人，终归总有人在心里自言自语：“现在我们可以喘息了，摆脱了这位教师，并不是说他对我们有什么苛待，而是我一直感觉是他在默默地诅咒我们。”好人尚且如此，以我们自己的情形而论，成千成百的人必将有更充分的理由为了我们的去世而庆幸！临死时想到这一点，你将比较安适地脱离人生。如果你这样地推论：我现在要脱离人生了，在此一生中我最亲近的人们，我曾为他们如此的辛苦、为他们祈祷、为他们烦心，他们都会愿意我离开，希望从中或可得到更多的舒适；任何人又何必在这世上恋恋不舍呢？

不过你要走开了，不必因此而对他们有所介意，要保持你的本来面目，依然是和蔼大方，不要像是被强夺去；脱离人生要像一个人善终时，灵魂脱离肉体那般的安然自在。因为是宇宙自然把你们结合在了一起，现在自然把这个结解开了。我离开人群，就像离开亲属一样，不是被硬拉开的，而是无抵抗地走开。因为这分离也是自然的一个步骤。

37

关于别人做的每一桩事，要尽量养成习惯反问自己："这人怀着什么目的？"但是先从自己开始，先检讨自己。

38

要记住，真正牵线的是我们内心中那个隐秘的东西，它给我们言辞，它给我们生活，它使我们成为人。你在心里揣想它的时候，切不可把外面的躯壳也算在内，也不可把那些附属的器官计算在内。那像是工人的手斧一样，所不同者是它们天生地长在身体上而已。这些部分，一旦脱离了那使它们活动并使它们存留的动因，便毫无用处，犹如织工的梭、作家的笔、驭者的鞭。

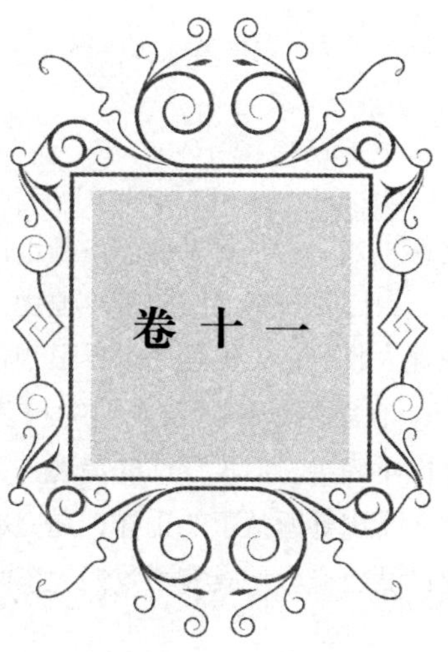

卷十一

01

理性的灵魂之作用如下：它看见自己，剖析自己，按照它自己的意志而铸造自己，自己收获自己的成果；植物界的果实以及动物之类似的产物则由他人收获；无论生活的界限划在什么地方，它都能达到自己的目标。在跳舞演剧以及类似的技艺中，如有任何间断，则整个的动作即不完美。但是理性的灵魂，在每一部分，或从任何一点来看，都表示出其所从事的工作，是完成了的而且是充分的，所以它可以说："我已充分地具有了我们的东西。"

奥勒留经常谈到死。他甚至教人不但别怕死，而且欢迎死。他慰藉人的方法之一是教人想想这世界之可留恋处是如何的少。一切宗教皆以"了生死"为大事。蒙田说："学习哲学即是学习如何去死。"如果"了生死"即是了解生死之谜，从而获致大智大勇，心地光明，无所恐惧，我相信那是可以办到的。所以在我心目中，宗教家乃是最富理想而又重实践的哲学家。至于了断生死之说，则我自惭劣钝，目前只能存疑。

——梁实秋批注

不止于此。它走遍整个宇宙，以及环绕着宇宙的太虚之境，寻察其构造之计划，伸展到无限的时间里去，了解一切事物之循环的再生，加以估量，看出我们的子子孙孙亦不能见到什么新鲜事物，犹之我们的祖先亦从未比我们见得更多。所以一个四十岁的人，如果有一点点聪明，由于古往今来之如出一辙，他可以说已经看到一切曾经发生或将要发生的事了。理性的灵魂尚另有特点，那便是对我们的邻人的爱，诚实与谦逊，不把任何事物看得比自己更重要——这也正是法律的一大特色。所以说正确的理性与公道的理性实在是遍存于宇宙的一件东西。

02

对于美妙动人的歌舞和角斗，你是不会重视的；如果你把那美妙的调子分析为单独的声音，然后就每一个声音反问自己："这能控制我吗？"你绝不肯这样自承。跳舞也是一样，如果你把每一动作每一姿势都一一分别地观察。角斗也是一样。简言之，除了美德及其运用之外，皆要记住观察其组成分子，一加分析之后，便可加以鄙视。对于整个人生亦可同样处理。

03

必要时即可脱离肉体，消灭、飞散或仍凝聚，那是何等高贵的灵魂！但这种有备的状态，须出之于一个人的内心的判断，不可只是顽抗的结果（像基督徒那样）。须要附带着审慎与尊严，并且如果要别人信服，不可带有任何戏剧表演的性质。

04

我做了什么有益于公益的事了吗？我已受了充分的报酬。永远要作如是想，不可懈怠你的努力。

05

你所擅长的是什么？“做一个好人。”但是如果不在一方面对宇宙的本性有正确的认识，在另一方面对人的特殊机构有正确的认识，如何能够获得成功呢？

基督徒以顽强抵抗迫害而著名。在奥勒留时代，严重的迫害之事曾屡次发生，不过奥勒留本人对于基督徒之顽强抵抗的精神似并无恶意。

——梁实秋批注

06

原来悲剧之演出，乃是为了把一些真事提醒观众，告诉他们这些事件是自然发生的，在舞台上你觉得如此好玩的事，在人生大舞台上遇到时，正不必为之烦恼。因为这些事是必须要经历的，就是喊“啊，西载隆[①]”的人也必须忍受那些不幸。是的，戏剧里颇有些有用的警句，例如：

“虽然上天遗弃了我和我的儿子们，这其间必定也有个缘故。”

再如：

“对事发怒毫无用处。”

还有：

“我们的生命就像是成熟的麦穗一般被刈获。”

此外还有很多，不胜枚举。

悲剧之后有旧喜剧，言辞豪放，其言辞之坦白可视为对于放荡不羁的一种警告，差不多以同样的情形第欧根尼也扮演了这一角

---

① 西载隆(Kithaeron)是Attica北部一山脉名。Oedipus发现他已应了可怕的命中注定之事，乃发此呼声。他曾在幼时被弃置在那山上，奄奄待毙。此呼声乃表示情愿当初死在那山上而非今日忍辱偷生。

色。此后，中期喜剧兴起，然后是新喜剧，一点点地堕落成为技巧的模拟。这些作品中也有些有益世道人心的话，这是大家公认的。不过诗与戏剧的作品究竟怀有什么样的目的呢?

07

那是何等的明显，没有一种生活，比你现在所处的生活更适宜于做哲学之运用。

08

从邻近枝上砍下来的一枝，必定也是从整棵树上砍下来的。同样的，从一个人分隔开的一个人，也必定是从整个人群中分隔开了。一个枝子是被人砍下来的，一个人与他的邻人隔离却是由于恨他、遗弃他，而自动地与他隔离；并且不曾觉察他这样做乃是与整个人群隔离。但是注意那建立人类合群精神的神明，给了我们什么样的禀赋。我们有力量能和邻近的枝子长在一起，与整体再凝和无间，不过此种裂痕如连续发生则脱离的部分很难再黏合起来恢复原状。一般而论，起初即和树一起生长一同生活的枝子，和切下来再补接上去的枝子，大不相同，这是园丁都会告诉你的。纵然同一躯体，却不再同心。

09

在理性的正途上，阻止你前进的人，永远不能妨碍你做正当的事。那么，也不要令他们夺去你对他们的和蔼的态度，要在两方面同时提高警觉。不仅在判断与行为方面坚定不移，对于企图阻碍你在正途上发展或在别方面使你感觉芒刺在背的人们，也要保持和蔼的态度。老实讲，对他们发怒乃是一种脆弱的征象，和畏首畏尾受吓让步是一样的。二者有其一，便是同样的弃守岗位，一个是有如懦夫，一个是叛离亲朋。

10

“自然总是不比艺术差。”因为艺术乃是模仿自然者。如此说不为过，则自然中之最优美最完整的部分，绝不可能被艺术所超过。在每种艺术里，低级的事物乃是为了高级的事物而被创造的；在宇宙自然方面，亦复如是。是的，公道的起源即在于此，其他的美德则均由公道而生；因为如果我们重视了无足轻重的东西，或易于受骗或掉以轻心或意志不坚，则公道便不能维持。

11

有些事物，追求固然苦恼，避免也是苦恼，其实那些事物并未来找你，是你去找它们的。所以你对那些事物的判断须要保持冷静，那些事物也自然不来扰你，你也不会再去苦苦追求或竭力逃避。

12

灵魂乃是一个美妙的圆体，既不向外界任何事物伸展，亦不向自身内部退缩，既不扩张，亦不紧缩，而能射出光明，洞察一切事物之真相以及自身内心之真相。

13

有人轻蔑我，将如何对待呢？那是他的事。在言行方面不做出任何令人轻蔑的事，那可是我的事。有人嫉恨我，将如何对待呢？那是他的事。但是我对任何人总要和善，就是对我的敌人，我也要随时指出他的误解，不用谴责的口吻，亦不夸耀我的宽宏大量，而是诚恳爽直如那著名的福西昂；除非他说那句话时也是带着讽刺。一个人的内心就应该如是，让天神知道他对任何事物均不愤慨，均不认为是灾难。噫！什么灾难会临到你的头上？如果你自己现在做与本性相合的事，欢迎宇宙自然所认为适时发生的事，渴望的是于公众有益的事总要设法使之实现。

> 文中提到的福西昂（Phocion，前 402—前 317）是雅典军人政治家，忠诚卫国，人品正直。雅典人曾经通过一条法律，规定凡打算把戏剧费用挪作战费的，处以死刑。福西昂因涉嫌此罪被处死刑，临终时却告诫其子："对雅典人不可因此稍存嫌怨。"
>
> ——梁实秋批注

14

彼此互相轻蔑，但是他们还要彼此互相阿谀；渴望胜过对方，但是他们还互相在对方面前匍匐。

15

那人是何等的腐败，何等的虚伪，竟大声宣称："我决定要正直地对付你！"你这人，你做的是什么事？你无须这样表白，那应该刻画在你的前额上。你的声音里有一种回响立刻会表示出你的决心，从你的眼神里会直射出你的决心，恰似一个人在恋爱中从他情人脸上一眼即可望出其心中的秘密。单纯而良善的人，就好像是身上带着一种味道，一经走近，他的邻人无法不嗅到。冒充单纯的人像是一把短剑，狼对羊讲交情，是天下最可恶之事，这是务必要避免的。良善的人、和蔼的人、诚恳的人，在眼神里会显露出特质，无可隐藏。

16

人心中本有一种力量，使他永久过最高贵的生活，对于无关紧要的事宜淡然处之。如果他把这些事分开来，就各部分逐一检视或从整体上做全盘之考察。同时记住：这些事并不能强令我们对它抱任何见解，亦不能逼人而来，则他必定会淡然处之。这些事原是安静不动的，是我们自己对它们做某种判断，并刻画到我们的心上来。其实我们大可不必把那些判断刻画在心上，而且如果是它们偷袭到心上来，亦可立刻把它们涂擦掉。还要记住！对于这些事情我们也管不了多久，因为生命即在须臾。但是何必抱怨一般事物的乖戾呢？如果这是自然的意旨，要欣赏它们，不要认为对你是困苦。如果它们违反自然的意旨，寻找合于你自己本性的事，奋力以趋，纵然那不能给你带来美誉。每个人追求于他自己有益之事，是可以谅解的。

17

想一想每样东西是从哪里来的，由什么构成的，将变为什么，已变之后成为什么东西，并且它不会受什么损失。

人的灵魂也是从神那里放射出来的，而且早晚还要回到那里去。主宰一切的神圣原则即是使一切事物为了全体的利益而合作，人的至善的理想即是有意识地为了共同利益而与天神合作。

——梁实秋批注

18

第一，考虑一下你与人类的关系，我们生到世上原是为了彼此互助；从另一观点来看，我来到世上已君临众庶，有如羊群中之牡羊，牛群中之牡牛。先从这一前提设想：如果不是一盘散漫的原子，那么必是有主宰一切的自然。如后者是，那么较低级的乃是为了较高级的而存在，较高级的乃是为了其中彼此而存在。

第二，在用餐时、在睡卧时，以及在其他的场合，他们是何等样人？尤其是他们在思想上，自甘屈服于什么样的宗旨，所作所为令他们自己如何地自鸣得意？

第三，如果他们在这事上做得对，我们无须发怒；如果不对，显然地不是出自他们的本心，只是出于无知。每一个灵魂都不会心甘情愿地放弃真理，同样地也不会心甘情愿地失去公正待人的能力。无论如何，这种人不甘心被人称为不公正、冷酷无情、贪婪无厌，简言之，害群之马。

第四，你自己也和别人一样常犯错误，如果有某种错误并未犯，你未尝没有犯那错误的倾向，只是由于怯懦、爱惜名誉或其他卑鄙的考虑而没有犯错罢了。

第五，你尚未证明他们是做错了事，因为有许多事是为了“权宜之计”而做的。一般而论，一个人在给别人的行为下“正确判断”之前，必须弄清楚许多事。

第六，勃然大怒甚至是不耐烦时，要想想人生是短暂的，不久之后我们将同归于尽。

第七，实际上使我们恼怒的，并不是人们的行为——那些行为属于“他们的”理性的领域——而是我们对这些行为的看法。铲除那种看法，放弃把这行为视为灾祸的结论，你的恼怒便不复存在。如何铲除那种看法呢？须知别人的行为，并不能成为我们的耻辱。因为除非耻辱是唯一的罪过，你也不可避免地要犯许多错误，变成为一个强盗以及其他。

第八，要想一想，我们对这样的行为所发生的愤怒与烦恼，比那引起我们的愤怒与烦恼之行为的本身，其后果要严重得多。

第九，和气是不可抵御的，只要是诚恳的，不是假装笑脸，不是戴假面具。顶凶暴的人能对你怎么样呢？如果你一直地对他和和气气，乘机委婉地劝他，在他正预备伤害你的时候，静静地纠正他说：“不可，我的孩子，我们生来不是为了做这样事的。我不会受到什么伤害，你是在伤害你自己，我的孩子。”巧妙地泛泛地令他明白情形确是如此，蜜蜂或任何有合群的本能的动物都还会这样做。但是你不可带有讥嘲或谴责的口吻，要亲爱精诚，不含丝毫敌意，不可像是教训，亦不可有意卖弄给旁观的人看，而好像他是独自在那里，虽然有人在场。

仔细想想这九条规律，要把它们当作天神的赠予看待，趁你一息尚存之际赶快开始做人。要注意！对人发怒固然不好，同样的亦不可奉承人，二者都不合于群性而且会导致损害。怒气将被诱发时，应作如是想：发怒不是丈夫气概，和蔼的性格较合于人性，亦较富于男性气质。是和蔼的人，不是易于发怒和易于抱怨的人，禀赋有力量、胆量与勇气。一个人越近于宁静，越近于强有力。悲哀是一种脆弱，愤怒也是。二者皆能使人受伤，皆能令人崩溃。

如果你愿意，请从九位艺术之神的魁首阿波罗接受第十项赠予，那便是：“希望坏人不做错事乃是疯狂”；因为那乃是希求不可能之事。容忍他们对别人胡作非为，却希冀他们不对你胡作非为，那乃是冷酷而残暴。

19

你须不断地注意理性上的四种变态，一经发现，便须完全弃绝；在每一情形之下，这样地对你自己说：“这个想法是不必要的；这是要摧毁人的好关系的；这不可能是由心里说出的真话。”——不是从心里说出的话，这不是名词的矛盾是什么呢？——第四种情形便是自怨自艾，这等于是承认：你的神圣的部分已屈服于那卑劣凡俗的肉体及其粗拙的乐趣。

20

你的灵魂以及你体内所含有的一切的火的部分，其本性是上升的，但是为了遵从宇宙的体系却被牢牢地关在你的躯壳里，停留在人世间。你身中整个粗陋的部分以及潮湿的部分，虽然其本性是下降的，却还挺立着，占据着一个不合它们本性的位置。所有的元素都是在服从整体、严守岗位，直到最后号角响时解除它们的任务。

只有你的理智的部分不安于位，叫嚣反抗，这不是怪事吗？除了必须适于它的本性以外，并无任何东西缚着它；但是它不服帖，它采取相反的路。对于不公正的放肆的行为之每一倾向，对于愤怒、悲哀与恐惧之每一倾向，都表示出一个人之背反了自然本性。是的，一个人的理性如果为了任何遭遇而感觉烦恼，那时节它便是放弃了岗位。因为一个人拥有理性，不仅是为了公道，也是为了虔敬，为了给神明服务。所谓虔诚服务，实即包括在真正的乐群精神之中，其重要且在行为公正之上。

21

人生目标不能终身不变的人，他本人便不能终身不变。这样说还不够，还要补充说明：那目标应该是怎样的目标？因为大多数人认为好的一切事物，大家的意见未必一致，只是与公众利益有关的特殊事项才能获大家一致支持，所以我们也必须把公共利益悬为我们的目标。一切个人努力趋向于这一目标者，他的行为一定是步履齐一，而且永久不变。

22

不要忘记城里老鼠与乡下老鼠的故事，以及后者之惊吓恐慌。

23

苏格拉底曾戏称民众的意见为“妖精”，吓孩子的鬼怪。

24

斯巴达人在公共仪式中总是有荫凉的座位派给来宾，自己随便坐在哪里。

25

苏格拉底拒绝波狄卡斯[①]的邀请到他宫里去，他说："我不肯死得不体面。"那意思是说我不肯接受恩宠而无法报答。

26

伊菲索斯人[②]的作品里记载着一则劝告，要经常怀想一位道德高尚的古人。

27

看，皮塔哥拉斯派哲学家们说："早晨起来看看天，以便怀想天上的星辰，如何永久地循着同一轨道，同样地完成他们的工作，他们的有秩序的体系，他们的纯洁，他们的赤裸。"因为一颗星是没有面幕的。

28

赞蒂碧拿走了苏格拉底的外套，想一想裹着羊皮袄的苏格拉底是什么样子，当他的友人见如此着装而羞惭地离去时，想一想他对他们所说的话。

29

在读书与写作上，在指点别人之前，先要学习接受别人的指点。在生活上格外需要如此。

30

作为一个奴隶：推究事理不适合你。

---

① 波狄卡斯（Perdiccas），马其顿国王，曾邀约苏格拉底，以其国土之一部奉赠。此波狄卡斯恐系其子 Archlaus 之误。

② 伊菲索斯（Ephesus）是罗马在小亚细亚行省之首府。

31

……我的内心在欢笑。

32

他们将谴责德行，对她说苛刻的言辞。

33

只有疯人才在冬天寻找无花果。无力再育却寻求子嗣者同此。

34

埃皮克提图说："一个人亲昵地吻着他的孩子时，应该在心里低声说：也许明天你会死掉的。"这话好不吉利！"不！"他说，"凡表示自然程序者，均不得视为不祥之兆。否则谈起谷穗之刈获，也可视为不祥之兆。"

35

生葡萄，熟葡萄，干葡萄——在每一阶段里我们有一种变化，不是变化到乌有，而是变化到一个尚未实现的境界。

36

听埃皮克提图说："没有人能夺去我们的意志。"

37

他又说："我们表示同意须有一套原则，在行动方面须要注意顾虑到环境条件，须要不损及邻人的利益；须要有相当的价值。我们必须完全克制欲望，对于我们不能控制的事不必规避。"

38

他又说："所要解决的并非等闲之事，乃是我们要不要做一个头脑清醒的人。”[①]

39

苏格拉底常说：“你想要什么？理性动物的灵魂还是无理性动物的灵魂？理性动物的灵魂。哪一种理性的动物？健全的还是邪恶的？健全的。那么为何不努力追求呢？因为我们已经有了。那么为何还要打闹争吵呢？”

① 此埃皮克提图语。

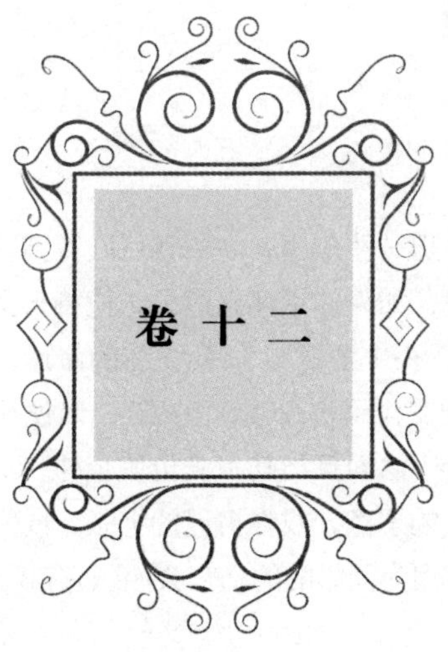

卷十二

01

你辗转祈求的那一件东西，立刻就可以得到，只要你不拒绝给你自己。那即是说，如果你不怀念过去，把将来交付给上苍，以虔诚与公道来面对现在："虔诚"，以便爱你的命运，因为自然把那命运交付给你，把你交付给那命运；"公道"，以便畅言真理而无须矫饰，凡有所为皆合于法而且与其本身价值相称。不要令任何事物妨碍你，无论是别人的恶意，或你自己的主张，或悠悠众口，或环绕在你肉身的感觉；因为受影响的部分会照顾它自己。

自古以来，有操守、有修养的哲学家历代都不乏其人，位居至尊、叱咤风云的皇帝也是史不绝书的，但是以一世英主而身兼苦修哲学家者则除了马可·奥勒留外恐怕没有第二人。这位1800年前的旷代奇人于无意中给我们留下了这一部《沉思录》，我们借此可以想见其为人，窥察其内心，从而对于为人处世律己待人之道有所领悟，这部书不能不说是人间至宝之一。

——梁实秋批注

如果在大限将至之际你能不顾一切，只是尊重你的理性以及内在的神明，不怕早晚有一天会死，怕的是不曾开始按照自然之道去活，那么你便是一个对天无愧的人，在你的本乡也不算是一个异客，对每日发生之事也不会觉得突兀而为之惊奇，也不至于东靠西靠彷徨无主。

02

天神能看见所有人的脱去糠秕外壳的内心。因为天神用他的慧力，只能接触到由他本身放射到人身上去的那一部分，但是如果你自己也习惯于这样做，你便会解除大部分的烦恼。因为不注意躯壳的人，我相信，不会浪费时间在衣服、居住、名誉以及其他附属的外表的事物上。

03

你是三样东西混合起来的——肉体、呼吸气、理智。前二者确是属于你的，因为你必须把它们保持住，但是真正讲起来只有第三个才是你的。所以，如果你把别人的一切所做所说的、你自己一切所做所说的、一切将来会困扰你的、一切你不能自主的被躯体或与躯体相连的呼吸气所牵涉而无法摆脱的、一切身外环绕着旋动的形形色色完全割除，从你的心上割除，以便使你的理智从命运的偶然性中解脱出来，过纯洁而自主的生活、做公正的事、接受所遭遇的一切、说真实的话——如果，我再说一遍，你把来自肉体影响的一切，以及过去未来之事，全都从你的理性上解除掉，把你自己变成为恩培多克勒手中的浑天仪一般——“浑圆无迹，安稳自如”，训练你自己只过自己的生活，亦即现在，那么你便可宁静地、和平地、称心如意地度过余年。

04

我常惊讶，我们每个人爱自己胜过爱其他的人，但是对于自己对自己的看法之重视，远不如别人对于自己的看法。无论如何，如果有一个神或聪明的教师来命令一个人，心中不可起任何不可公开的念头，恐怕这人一天都不能忍受。所以很明显的，我们重视邻人对我们的意见，远超过我们自己的意见。

05

天神把一切东西都安排得好，对人类也怀着善意，何以竟忽略了这一件事——有些人，很好的人，与神有密切交往，靠了虔诚的行为与礼拜和神有极亲切的关系，而一旦死了之后，何以竟不重生，竟完全毁灭呢？如果确实是如此，不必怀疑；如有另做安排之必要，他们会另做安排。因为如果是合理的，一定也是可行的；如果是合于自然之道，自然会使之实现。所以，情形既然不如此，如果真是不如此，你尽管放心，那一定是不应该如此。就是你自己也明白！“你这样大胆直问，是在和神理论。”但是我们不该这样地和天神辩难，纵然天神不是无限的公正与良善。不过天神纵有可议之处，他们也绝不会在他们悉心布置的宇宙秩序之中，粗心大意地留下任何不合理的事物。

06

你没有希望获得成功的事，也要去做。就是左手，因缺乏练习而效率较差，但是握起缰绳却比右手更抓得紧些——因为勤加练习之故。

07

试想一个人垂死的时候，其身心是什么样子？再想想人生的短暂，过去与未来的时间之无底深渊，一切物质之脆弱无力。

08

看看剥去外壳的“因果关系之原则”；一切动作的目标；苦痛是什么？快乐是什么？死是什么？名誉是什么？一个人内心不安，该怪谁？一个人怎样才不会受别人的妨碍？一切事皆由我们的看法而决定！

09

在实际运用行为的原理时，我们应该模仿斗拳者，而不是比剑者。因为后者用剑之后要放到一边，继而还要再拾起来，前者只要握紧拳头便可。

10

看事物的本来面目，分析它们为本质、起因、目标。

11

人是多么有力量，只做天神所赞许的事，并欢迎天神所分配给他的一切！

12

不要为了自然的程序而指责天神，因为他们做错事，自主的或不自主的；也不要指责人类，因为他们除了不自主的以外，什么也没有做。所以对谁也不要指责。

13

对“一切人生遭遇”感觉惊讶的人，是何等的荒谬可笑！

14

一定是，或者先有一种必然性与固定计划，或者是有一个仁慈的神明，或者是一个毫无计划与主宰的混沌。如果有不可避免的必然性，受刺痛何必发怨声？如果有一个慈悲广被的神明，要使你自己值得受上苍的眷顾。但是如果是一个茫无指导的混沌，你自己应该庆幸，在这样汹涌的大海里，你自己有指挥若定的理性；如果波涛把你冲走，让它冲去你的肉体、呼吸气及其附属的一切——因为它永远不会冲去你的理智力。

15

什么！一盏灯在火焰未被扑灭之前是会照耀光明的，难道你在未死之前就先丧失了内心中的真理、公道与节制力？

16

有人使得你认为他是做错了事。“但是我怎么会知道那是一件错误的事呢？”如果他是有过错，也许他自己已受内心谴责，好像是抓破了他自己的脸皮呢？

一个人不要“坏人做错事”，等于是不要“无花果树的果实不流酸汗”，不要“婴儿啼叫”，不要“马嘶鸣”，不要“其他必定如何如何的偏不如何如何”。唉！这样性格的人，不这样又该怎么样呢？如果你看着不顺眼，改正他的性格。

17

如果是不该做的，不要做；如果是不真实的，不要说。要控制住你自己的冲动。

18

永远要看一件事物的整体。使你产生印象的到底是什么？说明它、分析它，其起因如何？其本质如何？其目标如何？其到期必定死灭的生存期间有多么长？

19

你终于会觉察——你在内心里有一点什么，比产生情欲并使你成为傀儡一般的那些东西要好得多，要更近似天神。我的内心在忙着做什么呢？恐惧吗？猜疑吗？肉欲吗？其他类似的事吗？

20

第一，避免漫无目的的行为。第二，以有助于公共利益为唯一的行为目标。

21

要常想到，很快地你就要不复存在，归于乌有之乡，并且你现在所看见的一切，现在活着的所有的人，亦复如是。因为按照自然法则一切事物必定要变化，要变形，要消灭，以便使别的事物接替而生。

22

要记取！一切皆是你的主观见解，而那是可以由你控制的。把你的见解消除，这是你可随意为之的。看吧！一片宁静！像是一个刚刚转过山岬的航海者，你会发现眼前是一片风平浪静的大海。

23

任何单独的一项活动，不论是什么活动，如适时而止，并不会因停止而吃亏，做那活动的人也不会因那活动停止而吃亏。人生亦复如是，我们的全部动作在适当的时候停止，并不因此而吃亏。在适当时候，结束这一连串动作的人，也并无任何困窘之可言。适当的时候及终点是由自然来定的，有时候甚至也可由我们每个人的性质来定，例如老年的来临。不过，宇宙自然之道是不可抗的，其每个部分经常要有改变，因为它并不给他带来耻辱，如果那既非个人所能自主，又无害于公共利益，而且是一件好事；因为就宇宙而言，这是适时的、恰如其分的、符合整体趋势的。与神走着同样的道路，在思想上与神怀着同样的目标，这样的人可以说是一个由天神生下来的人了。

24

你必须随时使用三条规律。第一，凡所作为，勿做无目的之事，勿做与公道背道而驰之事；要理解：凡身外遭遇之事，全是由于偶然或由于天意，并且你没有理由去怪罪偶然或天意。第二，想一想一个人如何地由成胎以至于秉有灵性，由秉有灵性以至于交还那灵性，是由什么造成的？解体之后又变成什么？第三，如果被带到半天中，你俯瞰尘寰及其形形色色，会认为那是不值一顾的，因为你同时一眼可以看出天空中环绕你身边的人如何众多。无论你升空下望有多少次，都会看到同样的景象，一切都是属于同一类型，一切都是在消逝，而且，这还有什么值得夸耀？

奥勒留的文笔确实是相当朴拙。书中前后重复之处甚多，句法有时奇简，意义有时不甚清晰。此中文译本亦曾妄想努力保持原作风格……译成重校，不禁汗颜。幸原书价值具在，过去曾感动无数读者。此中文译本如能引起读者兴趣，成为人格修养之借镜，则是我所企望的。

——梁实秋批注

25

放弃主见，你就会平安登岸。又有谁阻止你把它放弃呢？

26

你如果对任何事情恚怒，那是忘了这一点：一切事物都是按照宇宙自然之道而发生的。一个人的错误行为不干你的事。不过，一切发生之事，过去如此，将来亦如此，目前到处亦皆如此。你忘了人与人类的关系如何坚强，那关系之密切不仅有关血球或血统，而且有关理智。你也忘了这一点：每一个人的理智即是一个神明，而且是从那里来的，没有什么东西是属于一个人自己的。他的孩子、他的躯体、他的灵魂全是来自神明。还有，一切都只是主见；一个人只是在现在活着，他失掉的也只是这现在。

27

你要不断地思念着那些对一切极端不满的人，以名誉或灾难或敌意或任何特殊命运而与众不同的人。然后考虑一下："而今安在哉？"烟、尘、传说，甚至连传说都不存在。这一类的例子俯拾即是——在乡间的法毕乌斯·卡特林诺斯[①]，在他的花园里的陆舍斯·卢帕斯[②]，在拜爱的斯特丁尼阿斯[③]，在卡波利的提贝利阿斯[④]，以及维利阿斯·茹佛斯[⑤]——对任何事物之纵情耽嗜，其结果又当如何？被人狂爱的东西，到头来毫无价值！一个人在他自己范围里，毫无虚矫地成为一个公正的、有节度的、崇拜神明的人，那是

① 法毕乌斯·卡特林诺斯(Fabius Catullinus)，酷爱乡间生活者。

② 陆舍斯·卢帕斯（Lusius Lupus)，不知何许人，可能是L. Licinius Lucullus之误，此人以园林布置著名。

③ 在拜爱的斯特丁尼阿斯(Stertinius of Baiae)可能是Naples一富医。

④在卡波利的提贝利阿斯(Tiberius in Capreae)，罗马第二任皇帝(14—31)，晚年在Naples附近之Caplrelae（Capri)度豪华荒淫之生活，不问政事。

⑤维利阿斯·茹佛斯(Velius Rufus)，George Long译本作Velius Rufus(or Rufus at Velia)。

何等的哲学家的风度！自以为毫不自负的那种自负，乃是最令人难堪的事。

28

如果有任何人问："你在什么地方看见了天神？你如何能确信天神之存在？以至成为这样虔诚的崇拜者？"我这样回答：首先要说，他们是甚至眼睛都可以看见的[①]；再说，我也没有看见过自己的灵魂，但是我尊敬它。所以不断地证明他们的威力，我确信神是存在的，我尊敬他们。

29

人生的幸福，在于洞察每一事物之"整体及其实质"，明了其"本体及其起因"；全心全意做公正的事、说真实的话。做完一件善事，紧接着再做一件，使中间毫无空隙，这样便可有人生的乐趣，此外更有何求？

30

太阳光是的确有的，虽然被墙、山及无数别的东西所遮蔽。共同的本质也是的确有的，虽然它分裂为无数的个体而各有其特征。一个整个的灵魂也是的确有的，虽然它分配给无数的生物而各有其限度。理智的灵魂只有一个，虽然好像是分裂的。上述事物之中，例如呼吸气等等部分，乃是物质的基层，既无感觉亦无互相关联。但是就是这些部分，也是靠了理智及其吸引力而被交织在一起。但是心灵特别地好与同性质者相结合，其团结的精神是没有间断的。

31

你有何希求？继续生存吗？但是是否还要感觉？欲望？生长？

---

① 指日月星辰而言，因斯多葛派哲学家认日月星辰为神。

使用语言？运用思想？这些事物之中哪一样是你想要的？如果这些事物全然不值一顾，你最后就只好努力追随理性、追随神明。但是重视人生的一切，又怕一死万事皆空，那是与追随理性与神明相冲突的。

32

每人能享受的时间乃是广大无垠的时间中多么渺小的一部分！一转瞬即消逝于永恒中，人又是宇宙本质之多么渺小的一部分！你是在大地上，多么渺小的一块土地上面爬！想着这一切，什么事都是不重要的，除了按照你的本性做事，接受宇宙自然所带给你的一切。

33

理性如何使用？那是关键之所存。其他一切，无论你是否有选择余地，只是尘埃与烟云而已。

34

下述事实可以最有效地帮助我们蔑视死亡——把快乐当作好事、把苦痛当作罪恶的人们，也都蔑视死亡。

哲学家伊壁鸠鲁关于免除对死亡之恐惧有如下之三段论法：“我们生存时，死尚不存在；死来时，我们已不生存，所以死与我们毫无关系。”

——梁实秋批注

35

对于视及时而死为乐事的人，死不能带来任何恐怖。他服从理性做事，多做一点或少做一点，对于他是一样的，多看几天或少看几天这世界，也没有关系。

36

人，你已是这个世界的一公民，延续一百年或五年，有什么关系呢？法律是对大家一样的。从这世界中被赶出去，不是被一位暴君赶出去，也不是被一位不公正的法官赶出去，而是被当初把你安放进去的自然之道所赶出去，那又有什么难过之可言呢？雇用喜剧演员的地方长官，随时可以命令那演员从台上下去。“但是我尚未演完我的五幕戏，我才演完三幕。”很可能是这样，不过在人生中三幕也可算是一整出戏了，因为这戏是否已经完成，要由当初编戏的和现在宣布终场的人来决定。你不负任何责任。愉快地离去吧，因为那解放你的人也是很愉快的。

> 我们中国的民族性，以笃行实践的孔门哲学为其根基，益以佛学的圆通深邃和理学的玄妙超绝，可以说是把宗教与伦理熔于一炉。这样的民族性应该使我们容易接受斯多葛派哲学最后一部杰作的启示。
>
> ——梁实秋批注

沉思录
The Meditations

The Meditations

Contents

1. From my grandfather Verus, a kindly disposition and sweetness of temper.

2. From what I heard of my father and my memory of him, modesty and manliness.

3. From my mother, the fear of God, and generosity; and abstention not only from doing ill but even from the very thought of doing it; and furthermore to live the simple life, far removed from the habits of the rich.

4. From my grandfather's father, to dispense with

attendance at public schools, and to enjoy good teachers at home, and to recognize that on such things money should be eagerly spent.

5. From my Tutor, not to side with the Green Jacket or the Blue at the races, or to back the Light-Shield Champion or the Heavy-Shield in the lists; not to shirk toil, and to have few wants, and to do my own work, and mind my own concerns; and to turn a deaf ear to slander.

6. From Diognetus, not to be taken up with trifles; and not to give credence to the statements of miracle-mongers and wizards about incantations and the exorcizing of demons, and such-like marvels: and not to keep quails, nor to be excited about such things; not to resent plain speaking; and to become familiar with philosophy and be a hearer first of Baccheius, then of Tandasis and Marcianus; and to write dialogues as a boy; and to set my heart on a pallet-bed and a pelt and whatever else tallied with the Greek regimen.

7. From Rusticus, to become aware of the fact that I needed amendment and training for my character; and not to be led aside into an argumentative sophistry; nor compose treatises on speculative subjects, or deliver little homilies, or pose ostentatiously as the moral athlete or unselfish man; and to eschew rhetoric, poetry, and fine language; and not to go about the house in my robes, nor commit any such breach of good taste; and to write letters without affectation, like his own letter written to my mother from Sinuessa; to shew oneself ready to be reconciled to those who have lost their temper and trespassed against one, and ready to meet them halfway as soon as ever they seem to be willing to retrace their steps; to read with minute care and not to be content with a superficial bird's-eye view; nor to be too quick in agreeing with every voluble talker; and to make the acquaintance of the *Memoirs of Epictetus,* which he supplied me with out of his own library.

8. From Apollonius, self-reliance and an unequivocal determination not to leave anything to chance; and to look to nothing else even for a moment save Reason alone; and to remain ever the same, in the throes of pain, on the loss of a child, during a lingering illness; and to see plainly from a living example that one and the same man can be very vehement and yet gentle: not to be impatient in instructing others; and to see in him a man who obviously counted as the least among his gifts his practical experience and facility in imparting philosophic truths; and to learn in accepting seeming favours from friends not to give up our independence for such things nor take them callously as a matter of course.

9. From Sextus, kindliness, and the example of a household patriarchally governed; and the conception of life in accordance with Nature; and dignity without affectation; and an intuitive consideration for friends; and a toleration of the unlearned and the unreasoning.

And his tactful treatment of all his friends, so that simply to be with him was more delightful than any flattery, while at the same time those who enjoyed this privilege looked up to him with the utmost reverence; and the grasp and method which he shewed in discovering and marshalling the essential axioms of life.

And never to exhibit any symptom of anger or any other passion, but to be at the same time utterly impervious to all passions and full of natural affection; and to praise without noisy obtrusiveness, and to possess great learning but make no parade of it.

10. From Alexander the Grammarian, not to be captious; nor in a carping spirit find fault with those who import into their conversation any expression which is barbarous or ungrammatical or mispronounced, but tactfully to bring in the very expression, that ought to have been used, by way of answer, or as it were in joint support of the assertion, or as a joint consideration of the thing itself and not of the language, or by some such graceful reminder.

11. From Fronto, to note the envy, the subtlety, and the dissimulation which are habitual to a tyrant; and that, as a general rule, those amongst us who rank as patricians are somewhat wanting in natural affection.

12. From Alexander the Platonist, not to say to anyone often or without necessity, nor write in a letter, *I am too busy*, nor in this fashion constantly Plead urgent affairs as an excuse for evading the obligations entailed upon us by our relations towards those around us.

13. From Catulus, not to disregard a friend's expostulation even when it is unreasonable, but to try to bring him back to his usual friendliness; and to speak with whole-hearted good-will of one's teachers, as it is recorded that Domitius did of Athenodotus; and to be genuinely fond of one's children.

14. From my "brother" Severus, love of family, Love of truth, love of justice, and (thanks to him!) to know Thrasea, Helvidius, Cato, Dion, Brutus; and the conception of a state with one law for all, based upon individual equality and freedom of speech, and of a sovranty which prizes above all things the liberty of the subject; and furthermore from him also to set a well-balanced and unvarying value on philosophy; and readiness to do others a kindness, and eager generosity, and optimism, and confidence in the love of friends; and perfect openness in the case of those that came in for his censure; and the absence of any need for his friends to surmise what he did or did not wish, so plain was it.

15. From Maximus, self-mastery and stability of purpose; and cheeriness in sickness as well as in all other circumstances; and a character justly proportioned of sweetness and gravity; and to perform without grumbling the task that lies to one's hand.

And the confidence of every one in him that what he said was also what he thought, and that what he did was done with no ill intent. And not to shew surprise, and not to be daunted; never to be hurried, or hold back, or be at a loss, or downcast, or smile a forced smile, or, again, be ill-tempered or suspicious.

And beneficence and placability and veracity; and to give the impression of a man who cannot deviate from the right way rather than of one who is kept in it; and that no one could have thought himself looked down upon by him, or could go so far as to imagine himself a better man than he; and to keep pleasantry within due bounds.

16. From my father, mildness, and an unshakable adherence to decisions deliberately come to; and no empty vanity in respect to so-called honours; and a love of work and thoroughness; and a readiness to hear any suggestions for the common good; and an inflexible determination to give every man his due; and to know by experience when is the time to insist and when to desist; and to suppress all passion for boys.

And his public spirit, and his not requiring his friends at all to sup with him or necessarily attend him abroad, and their always finding him the same when any urgent affairs had kept them away; and the spirit of thorough investigation, which he shewed in the meetings of his Council, and his perseverance; nay his never desisting, prematurely from an enquiry on the strength of off-hand impressions; and his faculty for keeping his friends and never being bored with them or infatuated about them; and his self-reliance in every emergency, and his good humour; and his habit of looking ahead and making provision for the smallest details without any heroics.

And his restricting in his reign public acclamations and every sort of adulation; and his unsleeping attention to the needs of the empire, and his wise stewardship of its resources, and his patient tolerance of the censure that all this entailed; and his freedom from superstition with respect to the Gods and from hunting for popularity with respect to men by pandering to their desires or by courting the mob: yea his soberness in all things and stedfastness; and the absence in him of all vulgar tastes and any craze for novelty.

And the example that he gave of utilizing without pride, and at the same without any apology, all the lavish gifts of Fortune that contribute towards the comfort of life, so as to enjoy them when present as a matter of course, and, when absent, not to miss them: and no one could charge him with sophistry, flippancy, or pedantry; but he was a man mature, complete, deaf to flattery, able to preside over his own affairs and those of others.

Besides this also was his high appreciation of all true philosophers without any upbraiding of the others, and at the same time without any undue subservience to them; then again his easiness of access and his graciousness that yet had nothing fulsome about it; and his reasonable attention to his bodily requirements, not as one too fond of life, or vain of his outward appearance, nor yet as one who neglected it, but so as by his own carefulness to need but very seldom the skill of the leech or medicines and outward applications.

But most of all a readiness to acknowledge without jealousy the claims of those who were endowed with any especial gift, such as eloquence or knowledge of law or ethics or any other subject, and to give them active support, that each might gain the honour to which his individual eminence entitled him; and his loyalty to constitutional precedent without any parade of the fact that it was according to precedent.

Furthermore he was not prone to change or vacillation, but attached to the same places and the same things; and after his spasms of violent headache he would come back at once to his usual employments with renewed vigour; and his secrets were not many but very few and at very rare intervals, and then only political secrets; and he shewed good sense and moderation in his management of public spectacles, and in the construction of public works, and in congiaria and the like, as a man who had an eye to what had to be done and not to the credit to be gained thereby.

He did not bathe at all hours; he did not build for the love of building; he gave no thought to his food, or to the texture and colour of his clothes, or the comeliness of his slaves. His robe came up from Lorium, his country-seat in the plains, and Lanuvium supplied his wants for the most part. Think of how he dealt with the customs' officer at Tusculum when the latter apologized, and it was a type of his usual conduct.

There was nothing rude in him, nor yet overbearing or violent nor carried, as the phrase goes, "to the sweating state"; but everything was considered separately, as by a man of ample leisure, calmly, methodically, manfully, consistently. One might apply to him what is told of Socrates, that he was able to abstain from or enjoy those things that many are not strong enough to refrain from and too much inclined to enjoy. But to have the strength to persist in the one case and be abstemious in the other is characteristic of a man who has a perfect and indomitable soul, as was seen in the illness of Maximus.

17. From the Gods, to have good grandfathers, good parents, a good sister, good teachers, good companions, kinsmen, friends–nearly all of them; and that I fell into no trespass against any of them, and yet I had a disposition that way inclined, such as might have led me into something of the sort, had it so chanced; but by the grace of God there was no such coincidence of circumstances as was likely to put me to the test.

And that I was not brought up any longer with my

grandfather's concubine, and that I kept unstained the flower of my youth; and that I did not make trial of my manhood before the due time, but even postponed it.

That I was subordinated to a ruler and a father capable of ridding me of all conceit, and of bringing me to recognize that it is possible to live in a Court and yet do without body-guards and gorgeous garments and linkmen and statues and the like pomp; and that it is in such a man's power to reduce himself very nearly to the condition of a private individual and yet not on this account to be more paltry or more remiss in dealing with what the interests of the state require to be done in imperial fashion.

That it was my lot to have such a brother, capable by his character of stimulating me to watchful care over myself, and at the same time delighting me by his deference and affection: that my children have not been devoid of intelligence nor physically deformed. That I did not make more progress in rhetoric and poetry and my other studies, in which I should perhaps have been engrossed, had I felt myself making good way in them. That I lost no time in promoting my tutors to such posts of honour as they seemed to desire, and that I did not put them off with the hope that I would do this later on since they were still young. That I got to know Apollonius, Rusticus, Maximus.

That I had clear and frequent conceptions as to the true meaning of a life according to Nature, so that as far as the Gods were concerned and their blessings and assistance and intention, there was nothing to prevent me from beginning at once to live in accordance with Nature, though I still come short of this ideal by my own fault, and by not attending to the reminders, nay, almost the instructions, of the Gods.

That my body holds out so long in such a life as mine; that I did not touch Benedicta or Theodotus, but that even afterwards, when I did give way to amatory passions, I was cured of them; that, though often offended with Rusticus, I never went so far as to do anything for which I should have been sorry; that my mother, though she was to die young, yet spent her last years with me.

That as often as I had the inclination to help anyone, who was in pecuniary distress or needing any other assistance, I was never told that there was no money available for the purpose; and that I was never under any similar need of accepting help from another. That I have been blessed with a wife so docile, so affectionate, so unaffected; that I had no lack of suitable tutors for my children.

That by the agency of dreams I was given antidotes both of other kinds and against the spitting of blood and vertigo; and there is that response also at Caieta, "*as thou shalt use it.*" And that, when I had set my heart on philosophy, I did not fall into the hands of a sophist, nor sat down at the author's desk, or became a solver of syllogisms, nor busied myself with physical phenomena. For all the above the Gods as helpers and good fortune need.

Written among the Quadi on the Gran.

1. Say to thyself at daybreak: I shall come across the busy-body, the thankless, the bully, the treacherous, the envious, the unneighbourly. All this has befallen them because they know not good from evil. But I, in that I have comprehended the nature of the Good that it is beautiful, and the nature of Evil that it is ugly, and the nature of the wrong-doer himself that it is akin to me, not as partaker of the same blood and seed but of intelligence and a morsel of the Divine, can neither be injured by any of them—for no one can involve me in what is debasing—nor can I be wroth with my kinsman and hate him. For we have come into being for co-operation, as have the feet, the hands, the eyelids, the rows of upper and lower teeth. Therefore to thwart one another is against Nature; and we do thwart one another by shewing resentment and aversion.

2. This that I am, whatever it be, is mere flesh and a little breath and the ruling Reason. Away with thy books! Be no longer drawn aside by them: it is not allowed. But as one already dying disdain the flesh: it is naught but gore and bones and a network compact of nerves and veins and arteries. Look at the breath too, what sort of thing it is; air: and not even that always the same, but every minute belched forth and again gulped down. Then, thirdly, there is the ruling Reason. Put thy thought thus: thou art an old man; let this be a thrall no longer, no more a puppet pulled aside by every selfish impulse; nor let it grumble any longer at what is allotted to it in the present or dread it in the future.

3. Full of Providence are the works of the Gods, nor are Fortune's works independent of Nature or of the woven texture and interlacement of all that is under the control of Providence. Thence are all things derived; but Necessity too plays its part and the Welfare of the whole Universe of which thou art a portion. But good for every part of Nature is that which the Nature of the Whole brings about, and which goes to preserve it. Now it is the changes not only of the elements but of the things compounded of them that preserve the Universe. Let these reflections suffice thee, if thou hold them as principles. But away with thy thirst for books, that thou mayest die not murmuring but with a good grace, truly and from thy heart grateful to the Gods.

4. Call to mind how long thou deferrest these things, and how many times thou hast received from the Gods grace of the appointed day and thou usest it not. Yet now, if never before, shouldest thou realize of what Universe thou art a part, and as an emanation from what Controller of that Universe thou dost subsist; and that a limit has been set to thy time, which if thou use not to let daylight into thy soul, it will be gone—and thou!—and never again shall the chance be thine.

5. Every hour make up thy mind sturdily as a Roman and a man to do what thou hast in hand with scrupulous and unaffected dignity and love of thy kind and independence and justice; and to give thyself rest from all other impressions. And thou wilt give thyself this, if thou dost execute every act of thy life as though it were thy last, divesting thyself of all aimlessness and all passionate antipathy to the convictions of reason, and all hypocrisy and self-love and dissatisfaction with thy allotted share. Thou seest how few are the things, by mastering which a man may lead a life of tranquillity and godlikeness; for the Gods also will ask no more from him who keeps these precepts.

6. Wrong thyself, wrong thyself, O my Soul! But the time for honouring thyself will have gone by; for a man has but one life, and this for thee is well-nigh closed, and yet thou dost not hold thyself in reverence, but settest thy well-being in the souls of others.

7. Do those things draw thee at all away, which befall thee from without? Make then leisure for thyself for the learning of some good thing more, and cease being carried aside hither and thither. But therewith must thou take heed of the other error. For they too are triflers, who by their activities have worn themselves out in life without even having an aim whereto they can direct every impulse, aye and even every thought.

8. Not easily is a man found to be unhappy by reason of his not regarding what is going on in another man's soul; but those who do not attend closely to the motions of their own souls must inevitably be unhappy.

9. This must always be borne in mind, what is the Nature of the whole Universe, and what mine, and how this stands in relation to that, being too what sort of a part of what sort of a whole; and that no one can prevent thee from doing and saying always what is in keeping with the Nature of which thou art a part.

10. Theophrastus in his comparison of wrong-doings—for, speaking in a somewhat popular way, such comparison may be made—says in the true philosophical spirit that the offences which are due to lust are more heinous than those which are due to anger. For the man who is moved with anger seems to turn his back upon reason with some pain and unconscious compunction; but he that does wrong from lust, being mastered by pleasure, seems in some sort to be more incontinent and more unmanly in his wrong-doing. Rightly then, and not unworthily of a philosopher, he said that the wrong-doing which is allied with pleasure calls for a severer condemnation than that which is allied with pain; and, speaking generally, that the one wrong-doer is more like a man, who, being sinned against first, has been driven by pain to be angry, while the other, being led by lust to do some act, has of his own motion been impelled to do evil.

11. Let thine every deed and word and thought be those of a man who can depart from life this moment. But to go away from among men, if there are Gods, is nothing dreadful; for they would not involve thee in evil. But if indeed there are no Gods, or if they do not concern themselves with the affairs of men, what boots it for me to live in a Universe where there are no Gods, where Providence is not? Nay, but there are Gods, and they do concern themselves with human things; and they have put it wholly in man's power not to fall into evils that are truly such. And had there been any evil in what lies beyond, for this too would they have made provision, that it should be in every man's power not to fall into it. But how can that make a man's life worse which does not make the man worse? Yet the Nature of the Whole could not have been guilty of an oversight from ignorance or, while cognizant of these things, through lack of power to guard against or amend them; nor could it have gone so far amiss either from inability or unskilfulness, as to allow good and evil to fall without any discrimination alike upon the evil and the good. Still it is a fact that death and life, honour and dishonour, pain and pleasure, riches and penury, do among men one and all betide the Good and the Evil alike, being in themselves neither honourable nor shameful. Consequently they are neither good nor evil.

12. How quickly all things vanish away, in the Universe their actual bodies, and the remembrance of them in Eternity, and of what character are all objects of sense, and particularly those that entice us with pleasure or terrify us with pain or are acclaimed by vanity—how worthless and despicable and unclean and ephemeral and dead! —this is for our faculty of intelligence to apprehend; as also what they really are whose conceptions and whose voices awardrenown; what it is to die, and that if a man look at death in itself, and with the analysis of reason strip it of its phantom terrors, no longer will he conceive it to be aught but a function of Nature, but if a man be frightened by a function of Nature, he is childish; and this is not only Nature's function but her welfare; —and how man is in touch with God and with what part of himself, and in what disposition of this portion of the man.

13. Nothing can be more miserable than the man who goes through the whole round of things, and, as the poet says, pries into the secrets of the earth, and would fain guess the thoughts in his neighbour's heart, while having no conception that he needs but to associate himself with the divine "genius" in his bosom, and to serve it truly. And service of it is to keep it pure from passion and aimlessness and discontent with anything that proceeds from Gods or men. For that which proceeds from the Gods is worthy of reverence in that it is excellent; and that which proceeds from men, of love, in that they are akin, and, at times and in a manner, of compassion, in that they are ignorant of good and evil—a defect this no less than the loss of power to distinguish between white and black.

14. Even if thy life is to last three thousand years or for the matter of that thirty thousand, yet bear in mind that no one ever parts with any other life than the one he is now living, nor lives any other than that which he now parts with. The longest life, then, and the shortest amount but to the same. For the present time is of equal duration for all, while that which we lose is not ours; and consequently what is parted with is obviously a mere moment. No man can part with either the past or the future. For how can a man be deprived of what he does not possess? These two things, then, must needs be remembered: the one, that all things from time everlasting have been cast in the same mould and repeated cycle after cycle, and so it makes no difference whether a man see the same things recur through a hundred years or two hundred, or through eternity: the other, that the longest liver and he whose time to die comes soonest part with no more the one than the other. For it is but the present that a man can be deprived of, if, as is the fact, it is this alone that he has, and what he has not a man cannot part with.

15. Remember that everything is but what we think it. For obvious indeed is the saying fathered on Monimus the Cynic, obvious too the utility of what was said, if one accepts the gist of it as far as it is true.

16. The soul of man does wrong to itself then most of all, when it makes itself, as far as it can do so, an imposthume and as it were a malignant growth in the Universe. For to grumble at anything that happens is a rebellion against Nature, in some part of which are bound up the natures of all other things. And the soul wrongs itself then again, when it turns away from any man or even opposes him with intent to do him harm, as is the case with those who are angry. It does wrong to itself, thirdly, when it is overcome by pleasure or pain. Fourthly, when it assumes a mask, and in act or word is insincere or untruthful. Fifthly, when it directs some act or desire of its own towards no mark, and expends its energy on any thing whatever aimlessly and unadvisedly, whereas even the most trifling things should be done with reference to the end in view. Now the end for rational beings is to submit themselves to the reason and law of that archetypal city and polity—the Universe.

17. Of the life of man the duration is but a point, its substance streaming away, its perception dim, the fabric of the entire body prone to decay, and the soul a vortex, and fortune incalculable, and fame uncertain. In a word all the things of the body are as a river, and the things of the soul as a dream and a vapour; and life is a warfare and a pilgrim's sojourn, and fame after death is only forgetfulness. What then is it that can help us on our way? One thing and one alone—Philosophy; and this consists in keeping the divine "genius" within pure and unwronged, lord of all pleasures and pains, doing nothing aimlessly or with deliberate falsehood and hypocrisy, independent of another's action or in action; and furthermore welcoming what happens and is allotted, as issuing from the same source, whatever it be, from which the man himself has issued; and above all waiting for death with a good grace as being but a setting free of the elements of which every thing living is made up. But if there be nothing terrible in each thing being continuously changed into another thing, why should a man look askance at the change and dissolution of all things? For it is in the way of Nature, and in the way of Nature there can be no evil.

Written at Carnuntum.

1. We ought not to think only upon the fact that our life each day is waning away, what is left of it being ever less, but this also should be a subject for thought, that even if life be prolonged, yet is it uncertain whether the mind will remain equally fitted in the future for the understanding of facts and for that contemplation which strains after the knowledge of things divine and human. For if a man has entered upon his dotage, there will still be his the power of breathing, and digestion, and thought, and desire, and all such-like faculties; but the full use of himself, the accurate appreciation of the items of duty, the nice discrimination of what presents itself to the senses, and a clear judgment on the question whether it is time for him to end his own life, and all such decisions, as above all require well-trained powers of reasoning—these are already flickering out in him. It needs, then, that we should press onwards, not only because we come each moment nearer to death, but also because our insight into facts and our close touch of them is gradually ceasing even before we die.

2. Such things as this also we ought to note with care, that the accessories too of natural operations have a charm and attractiveness of their own. For instance, when bread is in the baking, some of the parts split open, and these very fissures, though in a sense thwarting the bread-maker's design, have an appropriateness of their own and in a peculiar way stimulate the desire for food. Again when figs are at their ripest, they gape open; and in olives that are ready to fall their very approach to over-ripeness gives a peculiar beauty to the fruit. And the full ears of corn bending downwards, and the lion's beetling brows, and the foam dripping from the jaws of the wild-boar, and many other things, though, if looked at apart from their setting, they are far from being comely, yet, as resultants from the operations of Nature, lend them an added charm and excite our admiration.

And so, if a man has sensibility and a deeper insight into the workings of the Universe, scarcely anything, though it exist only as a secondary consequence to something else, but will seem to him to form in its own peculiar way a pleasing adjunct to the whole. And he will look on the actual gaping jaws of wild beasts with no less pleasure than the representations of them by limners and modellers; and he will be able to see in the aged of either sex a mature prime and comely ripeness, and gaze with chaste eyes upon the alluring loveliness of the young. And many such things there are which do not appeal to everyone, but will come home to him alone who is genuinely intimate with Nature and her works.

3. Hippocrates, after healing many a sick man, fell sick himself and died. Many a death have Chaldaeans foretold, and then their own fate has overtaken them also. Alexander, Pompeius and Gaius Caesar times without number utterly destroyed whole cities, and cut to pieces many myriads of horse and foot on the field of battle, yet the day came when they too departed this life. Heraclitus, after endless speculations on the destruction of the world by fire, came to be filled internally with water, and died beplastered with cowdung. And lice caused the death of Democritus, and other vermin of Socrates.

What of this? Thou hast gone aboard, thou hast set sail, thou hast touched land; go ashore; if indeed for another life, there is nothing even there void of Gods; but if to a state of non-sensation, thou shalt cease being at the mercy of pleasure and pain and lackeying the bodily vessel which is so much baser than that which ministers to it. For the one is intelligence and a divine "genius", the other dust and putrescence.

4. Fritter not away what is left of thy life in thoughts about others, unless thou canst bring these thoughts into relation with some common interest. For verily thou dost hereby cut thyself off from other work, that is, by thinking what so and so is doing and why, what he is saying, having what in mind, contriving what, and all the many like things such as whirl thee aside from keeping close watch over thine own ruling Reason.

We ought therefore to eschew the aimless and the unprofitable in the chain of our thoughts, still more all that is over-curious and ill-natured, and a man should accustom himself to think only of those things about which, if one were to ask on a sudden, what is now in thy thoughts? Thou couldest quite frankly answer at once, this or that; so that thine answer should immediately make manifest that all that is in thee is simple and kindly and worthy of a living being that is social and has no thought for pleasures or for the entire range of sensual images, or for any rivalry, envy, suspicion, or anything else, whereat thou wouldest blush to admit that thou hadst it in thy mind.

For in truth such a man, one who no longer puts off being reckoned now, if never before, among the best, is in some sort a priest and minister of the Gods, putting to use also that which, enthroned within him, keeps the man unstained by pleasures, invulnerable to all pain, beyond the reach of any wrong, proof against all evil, a champion in the highest of championships—that of never being overthrown by any passion—dyed in grain with justice, welcoming with all his soul everything that befalls and is allotted him, and seldom, nor yet without a great and a general necessity, concerning himself with the words or deeds or thoughts of another.

For it is only the things which relate to himself that he brings within the scope of his activities, and he never ceases to ponder over what is being spun for him as his share in the fabric of the Universe, and he sees to it that the former are worthy, and is assured that the latter is good. For the fate which is allotted to each man is swept along with him in the Universe as well as sweeps him along with it.

And he bears in mind that all that is rational is akin, and that it is in man's nature to care for all men, and that we should not embrace the opinion of all, but of those alone who live in conscious agreement with Nature. But what sort of men they, whose life is not after this pattern, are at home and abroad, by night and in the day, in what vices they wallow and with whom—of this he is ever mindful. Consequently he takes no account of praise from such men, who in fact cannot even win their own approval.

5. Do that thou doest neither unwillingly nor selfishly nor without examination nor against the grain. Dress not thy thought in too fine a garb. Be not a man of superfluous words or superfluous deeds. Moreover let the god that is in thee be lord of a living creature, that is manly, and of full age, and concerned with statecraft, and a Roman, and a ruler, who hath taken his post as one who awaits the signal of recall from life in all readiness, needing no oath nor any man as his voucher. Be thine the cheery face and independence of help from without and independence of such ease as others can give. It needs then to stand, and not be set, upright.

6. If indeed thou findest in the life of man a better thing than justice, than truth, than temperance, than manliness, and, in a word, than thy mind's satisfaction with itself in things wherein it shews thee acting according to the true dictates of reason, and with destiny in what is allotted thee apart from thy choice—if, I say, thou seest anything better than this, turn to it with all thy soul and take thy fill of the best, as thou findest it.

But if there appears nothing better than the very deity enthroned in thee, which has brought into subjection to itself all individual desires, which scrutinizes the thoughts, and, in the words of Socrates, has withdrawn itself from all the enticements of the senses, and brought itself into subjection to the Gods, and cherishes a fellow-feeling for men—if thou findest everything else pettier and of less account than this, give place to nought else, to which if thou art but once plucked aside, and incline thereto, never more shalt thou be able without distraction to give paramount honour to that good which is thine own peculiar heritage. For it is not right that any extraneous thing at all, such as the praise of the many, or office, or wealth, or indulgence in pleasure, should avail against that good which is identical with reason and a civic spirit. All these things, even if they seem for a little to fit smoothly into our lives, on a sudden overpower us and sweep us away.

But do thou, I say, simply and freely choose the better and hold fast to it. But that is the better which is to my interest. If it is to thy interest as a rational creature, hold that fast; but if as a mere animal, declare it boldly and maintain thy judgment without arrogance. Only see to it that thou hast made thy enquiry without error.

7. Prize not anything as being to thine interest that shall ever force thee to break thy troth, to surrender thine honour, to hate, suspect, or curse anyone, to play the hypocrite, to lust after anything that needs walls and curtains. For he that has chosen before all else his own intelligence and good "genius", and to be a devotee of its supreme worth, does not strike a tragic attitude or whine, nor will he ask for either a wilderness or a concourse of men; above all he will live neither chasing anything nor shunning it. And he recks not at all whether he is to have his soul imprisoned in his body for a longer or a shorter span of time, for even if he must take his departure at once, he will go as willingly as if he were to discharge any other function that can be discharged with decency and orderliness, making sure through life of this one thing, that his thoughts should not in any case assume a character out of keeping with a rational and civic creature.

8. In the mind of the man that has been chastened and thoroughly cleansed thou wilt find no foul abscess or gangrene or hidden sore. Nor is his life cut short, when the day of destiny overtakes him, as we might say of a tragedian's part, who leaves the stage before finishing his speech and playing out the piece. Furthermore there is nothing there slavish or affected, no dependence on others or severance from them, no sense of accountability or skulking to avoid it.

9. Hold sacred thy capacity for forming opinions. With that it rests wholly that thy ruling Reason should never admit any opinion out of harmony with Nature, and with the constitution of a rational creature. This ensures due deliberation and fellowship with mankind and fealty to the Gods.

10. Jettison everything else, then, and lay hold of these things only, few as they are; and remember withal that it is only this present, a moment of time, that a man lives: all the rest either has been lived or may never be. Little indeed, then, is a man's life, and little the nook of earth whereon he lives, and little even the longest after-fame, and that too handed on through a succession of manikins, each one of them very soon to be dead, with no knowledge even of themselves, let alone of a man who has died long since.

11. To the stand-bys mentioned add one more, that a

definition or delineation should be made of every object that presents itself, so that we may see what sort of thing it is in its essence stripped of its adjuncts, a separate whole taken as such, and tell over with ourselves both its particular designation and the names of the elements that compose it and into which it will be disintegrated.

For nothing is so conducive to greatness of mind as the ability to examine systematically and honestly everything that meets us in life, and to regard these things always in such a way as to form a conception of the kind of Universe they belong to, and of the use which the thing in question subserves in it; what value it has for the whole Universe and what for man, citizen as he is of the highest state, of which all other states are but as households; what it actually is, and compounded of what elements, and likely to last how long—namely this that now gives me the impression in question; and what virtue it calls for from me, such as gentleness, manly courage, truth, fidelity, guilelessness, frugality, and the rest.

In each case therefore must thou say: This has come from God; and this is due to the conjunction of fate and the contexture of the world's web and some such coincidence and chance; while that comes from a clansman and a kinsman and a fellow, albeit one who is ignorant of what is really in accordance with his nature. But I am not ignorant, therefore I treat him kindly and justly, in accordance with the natural law of neighbourliness; at the same time, of things that are neither good nor bad, my aim is to hit their true worth.

12. If in obedience to right reason thou doest the thing that thy hand findeth to do earnestly, manfully, graciously, and in no sense as a by-work, and keepest that divine "genius" of thine in its virgin state, just as if even now thou wert called upon to restore it to the Giver—if thou grapple this to thee, looking for nothing, shrinking from nothing, but content with a present sphere of activity such as Nature allows, and with old-world truth in every word and utterance of thy tongue, thou shalt be happy in thy life. And there is no one that is able to prevent this.

13. Just as physicians always keep their lancets and instruments ready to their hands for emergency operations, so also do thou keep thine axioms ready for the diagnosis of things human and divine, and for the performing of every act, even the pettiest, with the fullest consciousness of the mutual ties between these two. For thou shalt never carry out well any human duty unless thou correlate it to the divine, nor the reverse.

14. Go astray no more; for thou art not likely to read thy little Memoranda, or the Acts of the Romans and the Greeks of Old Time, and the extracts from their writings which thou wast laying up against thine old age. Haste then to the consummation and, casting away all empty hopes, if thou carest aught for thy welfare, come to thine own rescue, while it is allowed thee.

15. They know not how full of meaning are—to thieve, to sow, to buy, to be at peace, to see what needs doing, and this is not a matter for the eye but for another sort of sight.

16. Body, Soul, Intelligence: for the body sensations, for the soul desires, for the intelligence axioms. To receive impressions by way of the senses is not denied even to cattle; to be as puppets pulled by the strings of desire is common to wild beasts and to pathics and to a Phalaris and a Nero. Yet to have the intelligence a guide to what they deem their duty is an attribute of those also who do not believe in Gods and those who fail their country in its need and those who do their deeds behind closed doors.

If then all else is the common property of the classes mentioned, there is left as the characteristic of the good man to delight in and to welcome what befalls and what is spun for him by destiny; and not to sully the divine "genius" that is enthroned in his bosom, nor yet to perplex it with a multitude of impressions, but to maintain it to the end in a gracious serenity, in orderly obedience to God, uttering no word that is not true and doing no deed that is not just. But if all men disbelieve in his living a simple and modest and cheerful life, he is not wroth with any of them, nor swerves from the path which leads to his life's goal, whither he must go pure, peaceful, ready for release, needing no force to bring him into accord with his lot.

1. That which holds the mastery within us, when it is in accordance with Nature, is so disposed towards what befalls, that it can always adapt itself with ease to what is possible and granted us. For it is wedded to no definite material, but, though in the pursuit of its high aims it works under reservations, yet it converts into material for itself any obstacle that it meets with, just as fire when it gets the mastery of what is thrown in upon it. A little flame would have been stifled by it, but the blazing fire instantly assimilates what is cast upon it and, consuming it, leaps the higher in consequence.

2. Take no act in hand aimlessly or otherwise than in accordance with the true principles perfective of the art.

3. Men seek out retreats for themselves in the country, by the seaside, on the mountains, and thou too art wont to long intensely for such things. But all this is unphilosophical to the last degree, when thou canst at a moment's notice retire into thyself. For nowhere can a man find a retreat more full or peace or more free from care than his own soul—above all if he have that within him, a steadfast look at which and he is at once in all good ease, and by good ease I mean nothing other than good order. Make use then of this retirement continually and regenerate thyself. Let thy axioms be short and elemental, such as, when set before thee, will at once rid thee of all trouble, and send thee away with no discontent at those things to which thou art returning.

For with what art thou discontented? The wickedness of men? Take this conclusion to heart, that rational creatures have been made for one another; that forbearance is part of justice; that wrong-doing is involuntary; and think how many ere now, after passing their lives in implacable enmity, suspicion, hatred, and at daggers drawn with one another, have been laid out and burnt to ashes—think of this, I say, and at last stay thy fretting. But art thou discontented with thy share in the whole? Recall the alternative: Either Providence or Atoms! and the abundant proofs there are that the Universe is as it were a state. But is it the affections of the body that shall still lay hold on thee? Bethink thee that the Intelligence, when it has once abstracted itself and learnt its own power, has nothing to do with the motions smooth or rough of the vital breath. Bethink thee too of all that thou hast heard and subscribed to about pleasure and pain.

But will that paltry thing, Fame, pluck thee aside? Look at the swift approach of complete forgetfulness, and the void of infinite time on this side of us and on that, and the empty echo of acclamation, and the fickleness and uncritical judgment of those who claim to speak well of us, and the narrowness of the arena to which all this is confined. For the whole earth is but a point, and how tiny a corner of it is this the place of our sojourning! and how many therein and of what sort are the men who shall praise thee!

From now therefore bethink thee of the retreat into this little plot that is thyself. Above all distract not thyself, be not too eager, but be thine own master, and look upon life as a man, as a human being, as a citizen, as a mortal creature. But among the principles readiest to thine hand, upon which thou shalt pore, let there be these two. One, that objective things do not lay hold of the soul, but stand quiescent without; while disturbances are but the outcome of that opinion which is within us. A second, that all this visible world changes in a moment, and will be no more; and continually bethink thee to the changes of how many things thou hast already been a witness. The Universe—mutation: Life—opinion.

4. If the intellectual capacity is common to us all, common too is the reason, which makes us rational creatures. If so, that reason also is common which tells us to do or not to do. If so, law also is common. If so, we are citizens. If so, we are fellow-members of an organised community. If so, the Universe is as it were a state—for of what other single polity can the whole race of mankind be said to be fellow-members? —and from it, this common State, we get the intellectual, the rational, and the legal instinct, or whence do we get them? For just as the earthy part has been portioned off for me from some earth, and the watery from another element, and the aerial from some source, and the hot and fiery from some source of its own—for nothing comes from the non-existent, any more than it disappears into nothingness— so also the intellect has undoubtedly come from somewhere.

5. Death like birth is a secret of Nature—a combination of the same elements, a breaking up into the same—and not at all a thing in fact for any to be ashamed of, for it is not out of keeping with an intellectual creature or the reason of his constitution.

6. Given such men, it was in the nature of the case inevitable that their conduct should be of this kind. To wish it otherwise, is to wish that the fig-tree had no acrid juice. As a general conclusion call this to mind, that within a very short time both thou and he will be dead, and a little later not even your names will be left behind you.

7. Efface the opinion, I am harmed, and at once the feeling of being harmed disappears; efface the feeling, and the harm disappears at once.

8. That which does not make a man himself worse than before cannot make his life worse either, nor injure it whether from without or within.

9. The nature of the general good could not but have acted so.

10. Note that all that befalls befalleth justly. Keep close watch and thou wilt find this true, I do not say, as a matter of sequence merely but as a matter of justice also, and as would be expected from One whose dispensation is based on desert. Keep close watch, then, as thou hast begun, and whatsoever thou doest, do it as only a good man should in the strictest sense of that word. In every sphere of activity safeguard this.

11. Harbour no such opinions as he holds who does thee violence, or as he would have thee hold. See things in all their naked reality.

12. Thou shouldest have these two readinesses always at hand; the one which prompts thee to do only what thy reason in its royal and law-making capacity shall suggest for the good of mankind; the other to change thy mind, if one be near to set thee right, and convert thee from some vain conceit. But this conversion should be the outcome of a persuasion in every case that the thing is just or to the common interest—and some such cause should be the only one—not because it is seemingly pleasant or popular.

13. Hast thou reason? I have. Why then not use it? For if this performs its part, what else wouldest thou have?

14. Thou hast subsisted as part of the whole. Thou shalt vanish into that which begat thee, or rather thou shalt be taken again into its Seminal Reason by a process of change.

15. Many little pellets of frankincense fall upon the same altar, some are cast on it sooner, some later: but it makes no difference.

16. Ere ten days are past, thou shalt rank as a god with them that hold thee now a wild-beast or an ape, if thou but turn back to thy axioms and thy reverence of reason.

17. Behave not as though thou hadst ten thousand years to live. Thy doom hangs over thee. While thou livest, while thou mayest, become good.

18. What richness of leisure doth he gain who has no eye for his neighbour's words or deeds or thoughts, but only for his own doings, that they be just and righteous! Verily it is not for the good man to peer about into the blackness of another's heart, but to "run straight for the goal with never a glance aside."

19. He whose heart flutters for after-fame does not reflect that very soon everyone of those who remember him, and he himself, will be dead, and their successors again after them, until at last the entire recollection of the man will be extinct, handed on as it is by links that flare up and are quenched. But put the case that those who are to remember are even immortal, and the remembrance immortal, what then is that to thee? To the dead man, I need scarcely say, the praise is nothing, but what is it to the living, except, indeed, in a subsidiary way? For thou dost reject the bounty of nature unseasonably in the present, and clingest to what others shall say of thee hereafter.

20. Everything, which has any sort of beauty of its own, is beautiful of itself, and looks no further than itself, not counting praise as part of itself. For indeed that which is praised is made neither better nor worse thereby. This is true also of the things that in common parlance are called beautiful, such as material things and works of art. Does, then, the truly beautiful need anything beyond? Nay, no more than law, than truth, than kindness, than modesty. Which of these owes its beauty to being praised, or loses it by being blamed? What! Does an emerald forfeit its excellence by not being praised? Does gold, ivory, purple, a lyre, a poniard, a floweret, a shrub?

21. If souls outlive their bodies, how does the air contain them from times everlasting? How does the earth contain the bodies of those who have been buried in it for such endless ages? For just as on earth the change of these bodies, after continuance for a certain indefinite time, followed by dissolution, makes room for other dead bodies, so souls, when transferred into the air, after lasting for a certain time, suffer change and are diffused and become fire, being taken again into the Seminal Reason of the Whole, and so allow room for those that subsequently take up their abode there. This would be the answer one would give on the assumption that souls outlive their bodies.

But not only must the multitude of bodies thus constantly being buried be taken into account, but also that of the creatures devoured daily by ourselves and the other animals. How great is the number consumed and thus in a way buried in the bodies of those who feed upon them! And yet room is made for them all by their conversion into blood, by their transmutation into air or fire.

Where in this case lies the way of search for the truth? In a separation of the Material from the Causal.

22. Be not whirled aside; but in every impulse fulfil the claims of justice, and in every impression safeguard certainty.

23. All that is in tune with thee, O Universe, is in tune with me! Nothing that is in due time for thee is too early or too late for me! All that thy seasons bring, O Nature, is fruit for me! All things come from thee, subsist in thee, go back to thee. There is one who says "Dear City of Cecrops! " Wilt thou not say "Dear City of Zeus"?

24. If thou wouldest be tranquil in heart, says the Sage, do not many things. Is not this a better maxim: do but what is needful, and what the reason of a living creature born for a civic life demands, and as it demands. For this brings the tranquillity which comes of doing few things no less than of doing them well. For nine tenths of our words and deeds being unnecessary, if a man retrench there, he will have more abundant leisure and fret the less. Wherefore forget not on every occasion to ask thyself, "Is this one of the unnecessary things?" But we must retrench not only actions but thoughts which are unnecessary, for then neither will distracting actions follow.

25. Try living the life of the good man who is more than content with what is allotted to him out of the whole, and is satisfied with his own acts as just and his own disposition as kindly: see how that answers.

26. Hast thou looked on that side of the picture? Look now on this! Fret not thyself; study to be simple. Does a man do wrong? The wrong rests with him. Has something befallen thee? It is well. Everything that befalls was from the beginning destined and spun for thee as thy share out of the Whole. In a word, life is short. Make profit of the present by right reasoning and justice. In thy relaxation be sober.

27. Either there is a well-arranged Order of things or a medley that is confused, yet still an order. Or can a sort of order subsist in thee, while in the Universe there is no order, and that too when all things, though separated and dispersed, are still in sympathetic connexion?

28. A black character, an unmanly character, an obstinate character, inhuman, animal, childish, stupid, counterfeit, shameless, mercenary, tyrannical.

29. If he is an alien in the Universe who has no cognizance of the things that are in it, no less is he an alien who has no cognizance of what is happening in it. He is an exile, who exiles himself from civic reason; blind, he who will not see with the eyes of his understanding; a beggar, he who is dependent on another, and cannot draw from his own resources all that his life requires; an imposthume on the Universe, he who renounces, and severs himself from, the reason of our common Nature, because he is ill pleased at what happens—for the same Nature brings this into being, that also brought thee; a limb cut off from the community, he who cuts off his own soul from the soul of all rational things, which is but one.

30. One philosopher goes without a shirt, a second without a book, a third yonder half-naked: says he, I am starving for bread, yet cleave I fast to Reason; and I get no living out of my learning, yet cleave I to her.

31. Cherish the art, though humble, that thou hast learned, and take thy rest therein; and pass through the remainder of thy days as one that with his whole soul has given all that is his in trust to the Gods, and has made of himself neither a tyrant nor a slave to any man.

32. Think by way of illustration upon the times of Vespasian, and thou shalt see all these things: mankind marrying, rearing children, sickening, dying, warring, making holiday, trafficking, tilling, flattering others, vaunting themselves, suspecting, scheming, praying for the death of others, murmuring at their own lot, loving, hoarding, coveting a consulate, coveting a kingdom. Not a vestige of that life of theirs is left anywhere any longer.

Change the scene again to the times of Trajan. Again it is all the same; that life too is dead. In like manner contemplate all the other records of past time and of entire nations, and see how many after all their high-strung efforts sank down so soon in death and were resolved into the elements. But above all must thou dwell in thought upon those whom thou hast thyself known, who, following after vanity, neglected to do the things that accorded with their own constitution and, cleaving steadfastly thereto, to be content with them. And here it is essential to remember that a due sense of value and proportion should regulate the care bestowed on every action. For thus wilt thou never give over in disgust, if thou busy not thyself beyond what is right with the lesser things.

33. Expressions once in use are now obsolete. So also the names of those much be-sung heroes of old are in some sense obsolete, Camillus, Caeso, Volesus, Dentatus, and a little later Scipio and Cato, then also Augustus, and then Hadrianus and Antoninus. For all things quickly fade away and become legendary, and soon absolute oblivion encairns them. And here I speak of those who made an extraordinary blaze in the world. For the rest, as soon as the breath is out of their bodies, it is, out of sight, out of mind. But what, when all is said, is even everlasting remembrance? Wholly vanity. What then is it that calls for our devotion? This one thing: justice in thought, in act unselfishness and a tongue that cannot lie and a disposition ready to welcome all that befalls as unavoidable, as familiar, as issuing from a like origin and fountain-head.

34. Offer thyself whole-heartedly to Clotho, letting her spin thy thread to serve what purpose soever she will.

35. Ephemeral all of them, the rememberer as well as the remembered!

36. Unceasingly contemplate the generation of all things through change, and accustom thyself to the thought that the Nature of the Universe delights above all in changing the things that exist and making new ones of the same pattern. For in a manner everything that exists is the seed of that which shall come out of it. But thou imaginest that only to be seed that is deposited in the earth or the womb, a view beyond measure unphilosophical.

37. A moment and thou wilt be dead; and not even yet art thou simple, nor unperturbed, nor free from all suspicion that thou canst be injured by externals, nor gracious to all, nor convinced that wisdom and just dealing are but one.

38. Consider narrowly their ruling Reason, and see what wise men avoid and what they seek after.

39. Harm to thee cannot depend on another's ruling Reason, nor yet on any vagary or phase of thy environment. On what then? On the power that is thine of judging what is evil. Let this, then, pass no judgment, and all is well. Even if its closest associate, the poor body, be cut, be burnt, fester, gangrene, yet let the part which forms a judgment about these things hold its peace, that is, let it assume nothing to be either good or bad, which can befall a good man or a bad indifferently. For that which befalls alike the man who lives by the rule, and the man who lives contrary to the rule, of Nature, is neither in accordance with Nature nor contrary to it.

40. Cease not to think of the Universe as one living Being, possessed of a single Substance and a single Soul; and how all things trace back to its single sentience; and how it does all things by a single impulse; and how all existing things are joint causes of all things that come into existence; and how intertwined in the fabric is the thread and how closely woven the web.

41. Thou art a little soul bearing up a corpse, as Epictetus said.

42. Nothing is evil to that which is subject to change, even as there is no good for that which exists as the result of change.

43. As a river consisting of all things that come into being, aye, a rushing torrent, is Time. No sooner is a thing sighted than it is carried past, and lo, another is passing, and it too will be carried away.

44. Everything that happens is as usual and familiar, as the rose in spring and the fruit in autumn. The same applies to disease and death and slander and treachery and all that gladdens the foolish or saddens them.

45. That which comes after always has a close relationship to what has gone before. For it is not like some enumeration of items separately taken and following a mere inevitable sequence, but there is a rational connection; and just as existing things have been combined in a harmonious order, so also all that comes into being bears the stamp not of a mere succession but of a wonderful relationship.

46. Always bear in mind what Heraclitus said: The death of earth is to pass into water, and the death of water to pass into air, and of air to pass into fire, and so back again. Bear in mind too: the wayfarer who forgets the trend of his way, and that men are at variance with the one thing with which they are in the most unbroken communion, the Reason that administers the whole Universe; and that what they encounter every day, this they deem strange; and that we must not act and speak like men asleep, —for in fact even in sleep we seem to act and speak; —and that there should be nothing of the children from parents style, that is, no mere perfunctory what our Fathers have told us.

47. Just as, if a God had told thee, Thou shalt die to-morrow or in any case the day after, thou wouldest no longer count it of any consequence whether it were the day after to-morrow or to-morrow, unless thou art in the last degree mean-spirited, for how little is the difference! —so also deem it but a trifling thing that thou shouldest die after ever so many years rather than to—

morrow.

48. Cease not to bear in mind how many physicians are dead after puckering up their brows so often over their patients; and how many astrologers after making a great parade of predicting the death of others; and how many philosophers after endless disquisitions on death and immortality; how many great captains after butchering thousands; how many tyrants after exercising with revolting insolence their power of life and death, as though themselves immortal; and how many entire cities are, if I may use the expression, dead, Helice and Pompeii and Herculaneum, and others without number.

Turn also to all, one after another, that come within thine own knowledge. One closed a friend's eyes and was then himself laid out, and the friend who closed his, he too was laid out—and all this in a few short years. In a word, fail not to note how short-lived are all mortal things, and how paltry—yesterday a little mucus, to-morrow a mummy or burnt ash. Pass then through this tiny span of time in accordance with Nature, and come to thy journey's end with a good grace, just as an olive falls when it is fully ripe, praising the earth that bare it and grateful to the tree that gave it growth.

49. Be like a headland of rock on which the waves break incessantly; but it stands fast and around it the seething of the waters sinks to rest.

Ah, unlucky am I, that this has befallen me! Nay, but rather, lucky am I, that though this has befallen me, yet am I still unhurt, neither crushed by the present nor dreading the future. For something of the kind could have befallen everyone, but everyone would not have remained unhurt in spite of it. Why then count that rather a misfortune than this a good fortune? And in any case dost thou reckon that a misfortune for a man which is not an aberration from his nature? And wouldst thou have that to be an aberration from a man's nature, which does not contravene the will of his nature! What then? This will thou hast learnt to know. Does what has befallen thee hinder thee one whit from being just, high-minded, chaste, sensible, deliberate, straightforward, modest, free, and from possessing all the other qualities, the presence of which enables a man's nature to come fully into its own? Forget not in future, when anything would lead thee to feel hurt, to take thy stand upon this axiom: This is no misfortune, but to bear it nobly is good fortune.

50. An unphilosophical, but none the less an effective, help to the contemning of death is to tell over the names of those who have clung long and tenaciously to life. How are they better off than those who were cut off before their time? After all, they lie buried somewhere at last, Cadicianus, Fabius, Julianus, Lepidus, and any others like them, who after carrying many to their graves were at last carried to their own. Small, in any point of view, is the difference in length, and that too lived out to the dregs amid what great cares and with what sort of companions and in what kind of a body! Count it then of no consequence. For look at the yawning gulf of Time behind thee, and before thee at another Infinity to come. In this Eternity the life of a baby of three days and the life of a Nestor of three centuries are as one.

51. Run ever the short way; and the short way is the way of Nature, that leads to all that is most sound in speech and act. For a resolve such as this is a release from troubles and strife, from all mental reservation and affectation.

Book V

1. At daybreak, when loth to rise, have this thought ready in thy mind: I am rising for a man's work. Am I then still peevish that I am going to do that for which I was born and for the sake of which I came into the world? Or was I made for this, that I should nuzzle under the bed-clothes and keep myself warm? But this is pleasanter. Hast thou been made then for pleasure, in a word, I ask thee, to be acted upon or to act? Consider each little plant, each tiny bird, the ant, the spider, the bee, how they go about their own work and do each his part for the building up of an orderly Universe. Dost thou then refuse to do the work of a man? Dost thou not hasten to do what Nature bids thee. But some rest, too, is necessary. I do not deny it. Howbeit Nature has set limits to this, and no less so to eating and drinking. Yet thou exceedest these limits and exceedest sufficiency. But in acts it is no longer so; there thou comest short of the possibility.

For thou lovest not thyself, else surely hadst thou loved thy nature also and to do her will. But others who love their own art wear themselves to a shadow with their labours over it, forgetting to wash or take food. But thou holdest thine own nature in less honour than the chaser of metal his art of chasing, than the dancer his dancing, than the miser his moneybags, than the popularity-hunter his little applause. And these, when they are exceptionally in earnest, are ready to forgo food and sleep, so that they forward the things in which they are interested. But dost thou deem the acts of a social being of less worth and less deserving of attention?

2. How easy a thing it is to put away and blot out every impression that is disturbing or alien, and to be at once in perfect peace.

3. Deem no word or deed that is in accord with Nature to be unworthy of thee, and be not plucked aside by the consequent censure of others or what they say, but if a thing is good to do or say, judge not thyself unworthy of it. For those others have their own ruling Reason and follow their own bent. Do not thou turn thine eyes aside, but keep to the straight path, following thy own and the universal Nature; and the path of these twain is one.

4. I fare forth through all that Nature wills until the day when I shall sink down and rest from my labours, breathing forth my last breath into the air whence I daily draw it in, and falling upon that earth, whence also my father gathered the seed, and my mother the blood, and my nurse the milk; whence daily for so many years I am fed and watered; which bears me as I tread it under foot and make full use of it in a thousand ways.

5. Sharpness of wit men cannot praise thee for. Granted! Yet there are many other qualities of which thou canst not say: I had not that by Nature.Well then, display those which are wholly in thy power, sterling sincerity, dignity, endurance of toil, abstinence from pleasure. Grumble not at thy lot, be content with little, be kindly, independent, frugal, serious, high-minded. Seest thou not how many virtues it is in thy power to display now, in respect of which thou canst plead no natural in capacity or incompatibility, and yet thou art content still with a lower standard? Or art thou forced to be discontented, to be grasping, to flatter, to inveigh against the body, to play the toady and the braggart, and to be so unstable in thy soul, because forsooth thou hast no natural gifts? By the Gods, No! but long ere now couldest thou have shaken thyself free from all this and have lain under the imputation only, if it must be so, of being somewhat slow and dull of apprehension. And this too thou must amend with training and not ignore thy dulness or be in love with it.

6. One man, when he has done another a kindness, is ready also to reckon on a return. A second is not ready to do this, but yet in his heart of hearts ranks the other as a debtor, and he is conscious of what he has done. But a third is in a manner not conscious of it, but is like the vine that has borne a cluster of grapes, and when it has once borne its due fruit looks for no reward beyond, as it is with a steed when it has run its course, a hound when it has singled out the trail, a bee when she hath made her comb. And so a man when he hath done one thing well, does not cry it abroad, but betakes himself to a second, as a vine to bear afresh her clusters in due season.

A man then must be of those who act thus as it were unconsciously? Aye. But surely he must be conscious of what he is doing, for it is, we are told, the peculiar attribute of the man of true social instincts to be aware that he puts such instincts into practice, and by heaven to wish that his fellow should be aware of it too. True; but thou misconceivest the present argument, and wilt consequently be of the number of those whom I mentioned before; for in fact they are led astray by reasoning which has a plausible look. But if thou thinkest it worth while to understand what has been said, fear not that thou wilt be led thereby to neglect any social act.

7. A prayer of the Athenians: Rain, Rain, O dear Zeus, upon the corn-land of the Athenians and their meads. Either pray not at all, or in this simple and frank fashion.

8. We have all heard, Aesculapius has prescribed for so and so riding exercise, or cold baths, or walking bare-foot. Precisely so it may be said that the Universal Nature has prescribed for so and so sickness or maim or loss or what not of the same kind. For, in the former case, prescribed has some such meaning as this: He ordained this for so and so as conducive to his health; while in the latter what befalls each man has been ordained in some way as conducive to his destiny. For we say that things fall to us, as the masons too say that the huge squared stones in walls and pyramids fall into their places, adjusting themselves harmoniously to one another in a sort of structural unity. For, in fine, there is one harmony of all things, and just as from all bodies the Universe is made up into such a body as it is, so from all causes is Destiny made up into such a Cause. This is recognized by the most unthinking, for they say: Fate brought this on him. So then this was brought on this man, and this prescribed for this man. Let us then accept our fate, as we accept the prescriptions of Aesculapius. And in fact in these, too, there are many "bitter pills", but we welcome them in hope of health.

Take much the same view of the accomplishment and consummation of what Nature approves as of thy health, and so welcome whatever happens, should it even be somewhat distasteful, because it contributes to the health of the Universe and the well-faring and well-doing of Zeus himself. For he had not brought this on a man, unless it had brought welfare to the Whole. For take any nature thou wilt, it never brings upon that which is under its control anything that does not conduce to its interests.

For two reasons then it behoves thee to acquiesce in what befalls: one, that it was for thee it took place, and was prescribed for thee, and had reference in some sort to thee, being a thread of destiny spun from the first for thee from the most ancient causes; the other, that even what befalls each individual is the cause of the well-faring, of the consummation and by heaven of the very permanence of that which controls the Universe. For the perfection of the Whole is impaired, if thou cuttest off ever so little of the coherence and continuance of the Causes no less than of the parts. And thou dost cut them off, as far as lies with thee, and bring them to an end, when thou murmurest.

9. Do not feel qualms or despondency or discomfiture if

thou dost not invariably succeed in acting from right principles; but when thou art foiled, come back again to them, and rejoice if on the whole thy conduct is worthy of a man, and love the course to which thou returnest. Come not back to Philosophy as to a schoolmaster, but as the sore-eyed to their sponges and their white of egg, as this patient to his plaster and that to his fomentations .Thus wilt thou rest satisfied with Reason, yet make no parade of obeying her. And forget not that Philosophy wishes but what thy nature wishes, whereas thy wish was for something else that accords not with Nature. Yes, for it would have been the acme of delight. Ah, is not that the very reason why pleasure trips us up? Nay, see if these be not more delightful still: high-mindedness, independence, simplicity, tenderness of heart, sanctity of life. Why what is more delightful than wisdom herself, when thou thinkest how sure and smooth in all its workings is the faculty of understanding and knowledge?

10. Things are in a sense so wrapped up in mystery that not a few philosophers, and they no ordinary ones, have concluded that they are wholly beyond our comprehension: nay, even the Stoics themselves find them hard to comprehend. Indeed every assent we give to the impressions of our senses is liable to error, for where is the man who never errs? Pass on then to the objective things themselves, how transitory they are, how worthless, the property, quite possibly, of a boy-minion, a harlot, or a brigand. After that turn to the characters of thine associates, even the most refined of whom it is difficult to put up with, let alone the fact that a man has enough to do to endure himself.

What then there can be amid such murk and nastiness, and in so ceaseless an ebbing of substance and of time, of movement and things moved, that deserves to be greatly valued or to excite our ambition in the least, I cannot even conceive. On the contrary, a man should take heart of grace to await his natural dissolution, and without any chafing at delay comfort himself with these twin thoughts alone: the one, that nothing will befall me that is not in accord with the Nature of the Universe; the other, that it is in my power to do nothing contrary to the God and the "genius" within me. For no one can force me to disobey that.

11. To what use then am I putting my soul? Never fail to ask thyself this question and to cross-examine thyself thus: What relation have I to this part of me which they call the ruling Reason? And whose Soul have I got now? The Soul of a child? Of a youth? Of a woman? Of a tyrant? Of a domestic animal? Of a wild beast?

12. What are counted as good things in the estimation of the many thou canst gather even from this. For if a man fix his mind upon certain things as really and unquestionably good, such as wisdom, temperance, justice, manliness, with this preconception in his mind he could no longer bear to listen to the poet's, By reason of his wealth of goods; for it would not apply. But, if a man first fix his mind upon the things which appear good to the multitude, he will listen and readily accept as aptly added the quotation from the Comic Poet. In this way even the multitude have a perception of the difference. For otherwise this jest would not offend and be repudiated, while we accept it as appropriately and wittily said of wealth and of the advantages which wait upon luxury and popularity. Go on, then, and ask whether we should prize and count as good those things, with which first fixed in our mind we might germanely quote of their possessor, that for his very wealth of goods he has no place to ease himself in.

13. I am made up of the Causal and the Material, and neither of these disappears into nothing, just as neither did it come into existence out of nothing. So shall my every part by change be told off to form some part of the Universe, and that again be changed into another part of it, and so on to infinity. It was by such process of change that I too came into being and my parents, and so backwards into a second infinity. And the statement is quite legitimate, even if the Universe be arranged according to completed cycles.

14. Reason and the art of reasoning are in themselves and in their own proper acts self-sufficing faculties. Starting from a principle peculiar to them, they journey on to the end set before them. Wherefore such actions are termed right acts, as signifying that they follow the right way.

15. Call none of those things a man's that do not fall to him as man. They cannot be claimed of a man; the man's nature does not guarantee them; they are no consummations of that nature. Consequently neither is the end for which man lives placed in these things, nor yet that which is perfective of the end, namely The Good. Moreover, if any of these things did fall to a man, it would not fall to him to contemn them and set his face against them, nor would a man be commendable who shewed himself independent of these things, nor yet would he be a good man who came short of his own standard in any of them, if so be these things were good. But as it is, the more a man can cut himself free, or even be set free, from these and other such things with equanimity, by so much the more is he good.

16. The character of thy mind will be such as is the character of thy frequent thoughts, for the soul takes its dye from the thoughts. Dye her then with a continuous succession of such thoughts as these: Where life is possible, there it is possible also to live well.—But the life is life in a Court. Well, in a Court too it is possible to live well. And again: A thing is drawn towards that for the sake of which it has been made, and its end lies in that towards which it is drawn and, where its end lies, there lie also its interest and its good. The Good, then, for a rational creature is fellowship with others. For it has been made clear long ago that we were constituted for fellowship. Or was it not obvious that the lower were for the sake of the higher and the higher for the sake of one another? And living things are higher than lifeless, and those that have reason than those that have life only.

17. To crave impossibilities is lunacy; but it is impossible for the wicked to act otherwise.

18. Nothing befalls anyone that he is not fitted by nature to bear. Others experience the same things as thou, but either from ignorance that anything has befallen them, or to manifest their greatness of mind, they stand firm and get no hurt. A strange thing indeed that ignorance and vanity should prove stronger than wisdom!

19. Things of themselves cannot take the least hold of the Soul, nor have any access to her, nor deflect or move her; but the Soul alone deflects and moves herself, and whatever judgments she deems it right to form, in conformity with them she fashions for herself the things that submit themselves to her from without.

20. In one respect a man is of very close concern to us, in so far as we must do him good and forbear; but in so far as any stand in the way of those acts which concern us closely, then man becomes for me as much one of things indifferent as the sun, as the wind, as a wild-beast. Though a man may in some sort fetter my activity, yet on my own initiative and mental attitude no fetters can be put because of the power they possess of conditional action and of adaptation to circumstances. For everything that stands in the way of its activity is adapted and transmuted by the mind into a furtherance of it, and that which is a check on this action is converted into a help to it, and that which is a hindrance in our path goes but to make it easier.

21. Prize the most excellent thing in the Universe; and this is that which utilizes all things and controls all things. Prize in like manner the most excellent thing in thyself; and this is that which is akin to the other. For this, which utilizes all else is in thee too, and by it thy life is governed.

22. That which is not hurtful to the community cannot hurt the individual. Test every case of apparent hurt by this rule: if the community be not hurt by this, neither am I hurt; but if the community be hurt, there is no need to be angry with him that hath done the hurt, but to enquire, what hath he seen amiss?

23. Think often on the swiftness with which the things that exist and that are coming into existence are swept past us and carried out of sight. For all substance is as a river in ceaseless flow, its activities ever changing and its causes subject to countless variations, and scarcely anything stable; and ever beside us is this infinity of the past and yawning abyss of the future, wherein all things are disappearing. Is he not senseless who in such an environment puffs himself up, or is distracted, or frets as over a trouble lasting and far-reaching?

24. Keep in memory the universal Substance, of which thou art a tiny part; and universal Time, of which a brief, nay an almost momentary span has been allotted thee; and Destiny, in which how fractional thy share?

25. Another does me some wrong? He shall see to it. His disposition is his own, his activities are his own. What the universal Nature wills me to have now, that I now have, and what my nature wills me now to do, that I do.

26. Let the ruling and master Reason of thy soul be proof against any motions in the flesh smooth or rough. Let it not mingle itself with them, but isolate and restrict those tendencies to their true spheres. But when in virtue of that other sympathetic connection these tendencies grow up into the mind as is to be expected in a single organism, then must thou not go about to resist the sensation, natural as it is, but see that thy ruling Reason adds no opinion of its own as to whether such is good or bad.

27. Walk with the Gods! And he does walk with the Gods,

who lets them see his soul invariably satisfied with its lot and carrying out the will of that"genius", a particle of himself, which Zeus has given to every man as his captain and guide—and this is none other than each man's intelligence and reason.

28. If a man's armpits are unpleasant, art thou angry with him? If he has foul breath? What would be the use? The man has such a mouth, he has such armpits. Some such effluvium was bound to come from such a source. But the man has sense, quotha! With a little attention he could see wherein he offends. I congratulate thee! Well, thou too hast sense. By a rational attitude, then, in thyself evoke a rational attitude in him, enlighten him, admonish him. If he listens, thou shalt cure him, and have no need of anger.

29. Thou canst live on earth as thou dost purpose to live when departed. But if men will not have it so, then is it time for thee even to go out of life, yet not as one who is treated ill. 'Tis smoky and I go away. Why think it a great matter? But while no such cause drives me forth, I remain a free man, and none shall prevent me from doing what I will, and I will what is in accordance with the nature of a rational and social creature.

30. The intelligence of the Universe is social. It hath at any rate made the lower things for the sake of the higher, and it adapted the higher to one another. Thou seest how it hath subordinated, coordinated, and given each its due lot and brought the move excellent things into mutual accord.

31. How hast thou borne thyself heretofore towards Gods, parents, brothers, wife, children, teachers, tutors, friends, relations, household? Canst thou say truly of them all to this day, doing to no man wrong, nor speaking aught that is evil? And call to mind all that thou hast passed through, all thou hast found strength to bear; that the story of thy life is now full-told and thy service is ending; and how many beautiful sights thou hast seen, how many pleasures and pains thou hast disregarded, forgone what ambitions, and repaid with kindness how much unkindness.

32. Why do unskilled and ignorant souls confound him who has skill and has knowledge? What soul, then, has skill and knowledge? Even that which knoweth beginning and end, and the reason that informs all Substance, and governs the Whole from ordered cycle to cycle through all eternity.

33. But a little while and thou shalt be burnt ashes or a few dry bones, and possibly a name, possibly not a name even. And a name is but sound and a far off echo. And all that we prize so highly in our lives is empty and rotten and paltry, and we but as puppies snapping at each other, as quarrelsome children now laughing and anon in tears. But faith and modesty and justice and truth up from the wide-wayed Earth have winged their flight to Olympus. What then keeps thee here?—If indeed sensible objects are ever changing and unstable, and our faculties are so feeble and so easily misled; and the poor soul itself is an exhalation from blood; and to be well-thought of in such a world mere vanity. What then remains? To wait with a good grace for the end, whether it be extinction or translation. But till our time for that be come, what sufficeth? What but to reverence the Gods and to praise them, to do good unto men and to bear with them and forbear, but, for all else that comes within the compass of this poor flesh and breath, to remember that it is not thine nor under thy control?

34. Thou hast it in thy power that the current of thy life be ever fair, if also 'tis thine to make fair way, if also in ordered way to think and act. The Soul of God and the souls of men and of every rational creature have these two characteristics in common: to suffer no let or hindrance from another, and to find their good in a condition and practice of justice, and to confine their propension to this.

35. If this be no vice of mine nor the outcome of any vice of mine, and if the common interest does not suffer, why concern myself about it? And how can the common interest suffer?

36. Be not carried incontinently away by sense-impressions, but rally to the fight as thou canst and as is due. If there be failure in things indifferent, think not there is any great harm done; for that is an evil habit. But as the greybeard (in the play) taking his leave reclaimed his foster-child's top, not forgetting that it was but a top, so do thou here also. Since indeed thou art found haranguing on the hustings, O Man, hast thou forgotten what this really means? Aye, but people will have it. Must thou too be a fool in consequence?

Time was that wheresoever forsaken I was a man well-portioned; but that man well-portioned is he that hath given himself a good portion; and good portions are good phases of the soul, good impulses, good actions.

1. The Universal Substance is docile and ductile; and the Reason that controls it has no motive in itself to do wrong. For it hath no wrongness and doeth no wrong, nor is anything harmed by it. But all things come into being and fulfil their purpose as it directs.

2. Make no difference in doing thy duty whether thou art shivering or warm, drowsy or sleep-satisfied, defamed or extolled, dying or anything else. For the act of dying too is one of the acts of life. So it is enough in this also to get the work in hand done well.

3. Look within. Let not the special quality or worth of anything escape thee.

4. All objective things will anon be changed and either etherialized into the Universal Substance, if that indeed be one, or dispersed abroad.

5. The controlling Reason knows its own bent and its work and the medium it works in.

6. The best way of avenging thyself is not to do likewise.

7. Delight in this one thing and take thy rest therein—from social act to go on to social act, keeping all thy thoughts on God.

8. The ruling Reason it is that can arouse and deflect itself, make itself whatever it will, and invest everything that befalls with such a semblance as it wills.

9. In accordance with the Nature of the Universe is accomplished each several thing. For surely this cannot be in accordance with any other nature, that either envelops it from without, or is enveloped by it within, or exists in external detachment outside it.

10. Either a medley and a tangled web and a dispersion abroad, or a unity and a plan and a Providence. If the former, why should I even wish to abide in such a random welter and chaos? Why care for anything else than to turn again to the dust at last. Why be disquieted? For, do what I will, the dispersion must overtake me. But if the latter, I bow in reverence, my feet are on the rock, and I put my trust in the Power that rules.

11. When forced, as it seems, by thine environment to be utterly disquieted, return with all speed into thyself, staying in discord no longer than thou must. By constant recurrence to the harmony, thou wilt gain more command over it.

12. Hadst thou at once a stepmother and a mother thou wouldst pay due service to the former, and yet thy constant recourse would be to thy mother. So hast thou now the court and philosophy for stepmother and mother. Cease not then to come to the latter and take thy rest in her, whereby shall both thy court life seem more tolerable to thee, and thou to thy court life.

13. As in the case of meat and similar eatables the thought strikes us, this is the dead body of a fish, this of a fowl or pig; and again that this Falernian is merely the juice of a grape-cluster, and this purple-edged robe is nought but sheep's wool steeped in the blood of a shell-fish; or, of sexual intercourse, that it is merely internal attrition and the spasmodic excretion of mucus—such, I say, as are these impressions that get to grips with the actual things and enter into the heart of them, so as to see them as they really are, thus should it be thy life through, and where things look to be above measure convincing, laying them quite bare, behold their paltriness and strip off their conventional prestige. For conceit is a past master in fallacies and, when thou flatterest thyself most that thou art engaged in worthy tasks, then art thou most of all deluded by it. At any rate, see what Crates has to say about none other than Xenocrates.

14. Objects admired by the common sort come chiefly under things of the most general kind, which are held together by physical coherence, such as stones and wood, or by a natural unity, such as figs, vines, olives; and those which are admired by persons of a somewhat higher capacity may be classed as things which are held together by a conscious life, such as flocks and herds; and those which are admired by persons still more refined, as things held together by a rational soul; I do not mean rational as part of the Universal Reason, but in the sense of master of an art or expert in some other way, or merely in so far as to own a host of slaves. But he that prizes a soul which is rational, universal, and civic, no longer turns after anything else, but rather than everything besides keeps his own soul, in itself and in its activity, rational and social, and to this end works conjointly with all that is akin to him.

15. Some things are hastening to be, others to be no more, while of those that haste into being some part is already extinct. Fluxes and changes perpetually renew the world, just as the unbroken march of time makes ever new the infinity of ages. In this river of change, which of the things which swirl past him, whereon no firm foothold is possible, should a man prize so highly? As well fall in love with a sparrow that flits past and in a moment is gone from our eyes. In fact a man's life itself is but as an exhalation from blood and an inhalation from the air. For just as it is to draw in the air once into our lungs and give it back again, as we do every moment, so is it to give back thither, whence thou didst draw it first, thy faculty of breathing which thou didst receive at thy birth yesterday or the day before.

16. Neither is it an inner respiration, such as that of plants, that we should prize, nor the breathing which we have in common with cattle and wild animals, nor the impressions we receive through our senses, nor that we are pulled by our impulses like marionettes, nor our gregarious instincts, nor our need of nutriment; for that is on a par with the rejection of the waste products of our food.

What then is to be prized? The clapping of hands? No. Then not the clapping of tongues either. For the acclamations of the multitude are but a clapping of tongues. So overboard goes that poor thing Fame also. What is left to be prized? This methinks: to limit our action or inaction to the needs of our own constitution, an end that all occupations and arts set before themselves. For the aim of every art is that the thing constituted should be adapted to the work for which it has been constituted. It is so with the vine-dresser who looks after the vines, the colt-trainer, and the keeper of the kennels. And this is the end which the care of children and the methods of teaching have in view. There then is the thing to be prized!

This once fairly made thine own, thou wilt not seek to gain for thyself any of the other things as well. Wilt thou not cease prizing many other things also? Then thou wilt neither be free nor sufficient unto thyself nor unmoved by passion. For thou must need be full of envy and jealousy, be suspicious of those that can rob thee of such things, and scheme against those who possess what thou prizest. In fine, a man who needs any of those things cannot but be in complete turmoil, and in many cases find fault even with the Gods. But by reverencing and prizing thine own mind, thou shalt make thyself pleasing in thine own sight, in accord with mankind, and in harmony with the Gods, that is, grateful to them for all that they dispense and have ordained.

17. Up, down, round-wise sweep the elements along. But

the motion of virtue is in none of these ways. It is something more divine, and going forward on a mysterious path fares well upon its way.

18. What a way to act! Men are chary of commending their contemporaries and associates, while they themselves set great store by the commendation of posterity, whom they have never seen or shall see. But this is next door to taking it amiss that thy predecessors also did not commend thee.

19. Because thou findest a thing difficult for thyself to accomplish do not conceive it to be impracticable for others; but whatever is possible for a man and in keeping with his nature consider also attainable by thyself.

20. Suppose that a competitor in the ring has gashed us with his nails and butted us violently with his head, we do not protest or take it amiss or suspect our opponent in future of foul play. Still we do keep an eye on him, not indeed as an enemy, or from suspicion of him, but with good-humoured avoidance. Act much in the same way in all the other parts of life. Let us make many allowances for our fellow-athletes as it were. Avoidance is always possible, as I have said, without suspicion or hatred.

21. If any one can prove and bring home to me that a conception or act of mine is wrong, I will amend it, and be thankful. For I seek the truth, whereby no one was ever harmed. But he is harmed who persists in his own self-deception and ignorance.

22. I do my own duty; other things do not distract me. For they are either inanimate or irrational, or such as have gone astray and know not the road.

23. Conduct thyself with magnanimity and freedom towards irrational creatures and, generally, towards circumstances and objective things, for thou hast reason and they have none. But men have reason, therefore treat them as fellow creatures. And in all cases call upon the Gods, and do not concern thyself with the question, How long shall I do this? Three hours are enough so spent.

24. Death reduced to the same condition Alexander the Macedonian and his muleteer, for either they were taken back into the same Seminal Reason of the Universe or scattered alike into the atoms.

25. Bear in mind how many things happen to each one of us with respect to our bodies as well as our souls in the same momentary space of time, so wilt thou cease to wonder that many more things—not to say all the things that come into existence in that One and Whole which in fact we call the Universe—subsist in it at one time.

26. If one enquire of thee, How is the name Antoninus written? Wilt thou with vehemence enunciate each constituent letter? What then? If thy listeners lose their temper, wilt thou lose thine? Wouldst thou not go on gently to enumerate each letter? So recollect that in life too every duty is the sum of separate items. Of these thou must take heed, and carry through methodically what is set before thee, in no wise troubled or shewing counter-irritation against those who are irritated with thee.

27. How intolerant it is not to permit men to cherish an impulse towards what is in their eyes congenial and advantageous!Yet in a sense thou withholdest from them the right to do this, when thou resentest their wrong-doing. For they are undoubtedly drawn to what they deem congenial and advantageous. But they are mistaken. Well, then, teach and enlighten them without any resentment.

28. Death is a release from the impressions of sense, and from impulses that make us their puppets, from the vagaries of the mind, and the hard service of the flesh.

29. It is a disgrace for the soul to be the first to succumb in that life in which the body does not succumb.

30. See thou be not Caesarified, nor take that dye, for there is the possibility. So keep thyself a simple and good man, uncorrupt, dignified, plain, a friend of justice, god-fearing, gracious, affectionate, manful in doing thy duty. Strive to be always such as Philosophy minded to make thee. Revere the Gods, save mankind. Life is short. This only is the harvest of earthly existence, a righteous disposition and social acts.

Do all things as a disciple of Antoninus. Think of his constancy in every act rationally undertaken, his invariable equability, his piety, his serenity of countenance, his sweetness of disposition, his contempt for the bubble of fame, and his zeal for getting a true grip of affairs. How he would never on any account dismiss a thing until he had first thoroughly scrutinized and clearly conceived it; how he put up with those who found fault with him unfairly, finding no fault with them in return; how he was never in a hurry; how he gave no ear to slander, and with what nicety he tested dispositions and acts; was no imputer of blame, and no craven, not a suspicious man, nor a sophist; what little sufficed him whether for lodging or bed, dress, food or attendance; how fond he was of work, and how long-suffering; how he would remain the whole day at the same occupation, owing to his spare diet not even requiring to relieve nature except at the customary time; and how loyal he was to his friends and always the same; and his forbearance towards those who openly opposed his views, and his pleasure when anyone pointed out something better; and how god-fearing he was and yet not given to superstition. Take heed to all this, that thy last hour come upon thee as much at peace with thy conscience as he was.

31. Be sober once more and call back thy senses, and being roused again from sleep and, realizing that they were but dreams that beset thee, now awake again, look at these realities as thou didst at those thy dreams.

32. I consist of body and soul. To the body indeed all things are indifferent, for it cannot concern itself with them. But to the mind only those things are indifferent which are not its own activities; and all those things that are its own activities are in its own power. Howbeit, of these it is only concerned with the present; for as to its activities in the past and the future, these two rank at once among things indifferent.

33. For hand or foot to feel pain is no violation of nature, so long as the foot does its own appointed work, and the hand its own. Similarly pain for a man, as man, is no unnatural thing so long as he does a man's appointed work. But, if not unnatural, then is it not an evil either.

34. The pleasures of the brigand, the pathic, the parricide, the tyrant—just think what they are!

35. Dost thou not see how the mechanic craftsman, though to some extent willing to humour the non-expert, yet holds fast none the less to the principles of his handicraft, and cannot endure to depart from them. Is it not strange that the architect and the physician should hold the rationale of their respective arts in higher reverence than a man his own reason, which he has in common with the Gods?

36. Asia, Europe, corners of the Universe: the whole Ocean a drop in the Universe: Athos but a little clod therein: all the present a point in Eternity:—everything on a tiny scale, so easily changed, so quickly vanished.

All things come from that one source, from that ruling Reason of the Universe, either under a primary impulse from it or by way of consequence. And therefore the gape of the lion's jaws and poison and all noxious things, such as thorns and mire, are but after-results of the grand and the beautiful. Look not then on these as alien to that which thou dost reverence, but turn thy thoughts to the one source of all things.

37. He, who sees what now is, hath seen all that ever hath been from times everlasting, and that shall be to eternity; for all things are of one lineage and one likeness.

38. Meditate often on the intimate union and mutual interdependence of all things in the Universe. For in a manner all things are mutually intertwined, and thus all things have a liking for one another. For these things are consequent one on another by reason of their contracting and expanding motion, the sympathy that breathes through them, and the unity of all substance.

39. Fit thyself to the environment that is thy portion, and love the men among whom thy lot is thrown, but whole-heartedly.

40. Every implement, tool, or vessel is well if it does the work for which it is made, and yet in their case the maker is not at hand. But in the things which owe their organic unity to Nature, the Power that made is within them and abides there. Wherefore also must thou reverence it the more, and realize that if thou keep and conduct thyself ever according to its will, all is to thy mind. So also to its mind are the things of the Universe.

41. If thou regardest anything not in thine own choice as good or evil for thyself, it is inevitable that, on the incidence of such an evil or the miscarriage of such a good, thou shouldst upbraid the Gods, aye, and hate men as the actual or supposed cause of the one or the other; and in fact many are the wrong doings we commit by setting a value on such things. But if we discriminate as good and evil only the things in our power, there is no occasion left for accusing the Gods or taking the stand of an enemy towards men.

42. We are all fellow-workers towards the fulfilment of one object, some of us knowingly and intelligently, others blindly; just as Heraclitus, I think, says that even when they sleep men are workers and fellow-agents in all that goes on in the world. One is a co-agent in this, another in that, and in abundant measure also he that murmurs and seeks to hinder or disannul what occurs.

For the Universe had need of such men also. It remains then for thee to decide with whom thou art ranging thyself. For He that controls the Universe will in any case put thee to a good use and admit thee to a place among his fellow-workers and coadjutors. But see that thou fill no such place as the paltry and ridiculous line in the play which Chrysippus mentions.

43. Does the sun take upon himself to discharge the functions of the rain? or Asclepius of the Fruit-bearer? And what of each particular star? Do they not differ in glory yet co-operate to one end?

44. If the Gods have taken counsel about me and the things to befall me, doubtless they have taken good counsel. For it is not easy even to imagine a God without wisdom. And what motive could they have impelling them to do me evil? For what advantage could thereby accrue to them or to the Universe which is their special care? But if the Gods have taken no counsel for me individually, yet they have in any case done so for the interests of the Universe, and I am bound to welcome and make the best of those things also that befall as a necessary corollary to those interests. But if so be they take counsel about nothing at all—an impious belief—in good sooth let us have no more of sacrifices and prayers and oaths, nor do any other of these things every one of which is a recognition of the Gods as if they were at our side and dwelling amongst us—but if so be, I say, they do not take counsel about any of our concerns, it is still in my power to take counsel about myself, and it is for me to consider my own interest. And that is to every man's interest which is agreeable to his own constitution and nature. But my nature is rational and civic; my city and country, as Antoninus, is Rome; as a man, the world. The things then that are of advantage to these communities, these, and no other, are good for me.

45. All that befalls the Individual is to the interest of the Whole also. So far, so good. But further careful observation will shew thee that, as a general rule, what is to the interest of one man is also to the interest of other men.But in this case the word interest must be taken in a more general sense as it applies to intermediate things.

46. As the shows in the amphitheatre and such places grate upon thee as being an everlasting repetition of the same sight, and the similarity makes the spectacle pall, such must be the effect of the whole of life. For everything above and below is ever the same and the result of the same things. How long then?

47. Never lose sight of the fact that men of all kinds, of all sorts of vocations and of every race under heaven, are dead; and so carry thy thought down even to Philistion and Phoebus and Origanion. Now turn to the other tribes of men. We must pass at last to the same bourne whither so many wonderful orators have gone, so many grave philosophers, Heraclitus, Pythagoras, Socrates: so many heroes of old time, and so many warriors, so many tyrants of later days: and besides them, Eudoxus, Hipparchus, Archimedes, and other acute natures, men of large minds, lovers of toil, men of versatile powers, men of strong will, mockers, like Menippus and many another such, of man's perishable and transitory life itself. About all these reflect that they have long since been in their graves. What terrible thing then is this for them? What pray for those whose very names are unknown? One thing on earth is worth much—to live out our lives in truth and justice, and in charity with liars and unjust men.

48. When thou wouldst cheer thine heart, think upon the good qualities of thy associates; as for instance, this one's energy, that one's modesty, the generosity of a third, and some other trait of a fourth. For nothing is so cheering as the images of the virtues mirrored in the characters of those who live with us, and presenting themselves in as great a throng as possible. Have these images then ever before thine eyes.

49. Thou art not aggrieved, art thou, at being so many pounds in weight and not three hundred? Then why be aggrieved if thou hast only so many years to live and no more? For as thou art contented with the amount of matter allotted thee, so be content also with the time.

50. Try persuasion first, but even though men would say thee nay, act when the principles of justice so direct. Should any one however withstand thee by force, take refuge in being well-content and unhurt, and utilize the obstacle for the display of some other virtue. Recollect that the impulse thou hadst was conditioned by circumstances, and thine aim was not to do impossibilities. What then was it? To feel some such impulse as thou didst. In that thou art successful. That which alone was in the sphere of our choice is realized.

51. The lover of glory conceives his own good to consist in another's action, the lover of pleasure in his own feelings, but the possessor of understanding in his own actions.

52. We need not form any opinion about the thing in question or be harassed in soul, for Nature gives the thing itself no power to compel our judgments.

53. Train thyself to pay careful attention to what is being said by another and as far as possible enter into his soul.

54. That which is not in the interests of the hive cannot be in the interests of the bee.

55. If the sailors spoke ill of a steersman or the sick of a physician, what else would they have in mind but how the man should best effect the safety of the crew or the health of his patients?

56. How many have already left the world who came into it with me!

57. To the jaundiced honey tastes bitter; and the victim of hydrophobia has a horror of water; and to little children their ball is a treasure. Why then angry? Or dost thou think that error is a less potent factor than bile in the jaundiced and virus in the victim of rabies?

58. From living according to the reason of thy nature no one can prevent thee: contrary to the reason of the Universal Nature nothing shall befall thee.

59. The persons men wish to please, the objects they wish to gain, the means they employ—think of the character of all these! How soon will Time hide all things! How many a thing has it already hidden!

1. What is vice? A familiar sight enough. So in everything that befalls have the thought ready: This is a familiar sight. Look up, look down, everywhere thou wilt find the same things, whereof histories ancient, medieval, and modern are full; and full of them at this day are cities and houses. There is no new thing under the sun. Everything is stereotyped, everything fleeting.

2. How else can thy axioms be made dead than by the extinction of the ideas that answer to them? And these it lies with thee ever to kindle anew into flame. I am competent to form the true conception of a thing. If so, why am I harassed? What is outside the scope of my mind has absolutely no concern with my mind. Learn this lesson and thou standest erect.

Thou canst begin a new life! See but things afresh as thou usedst to see them; for in this consists the new life.

3. Empty love of pageantry, stage-plays, flocks and herds, sham-fights, a bone thrown to lap-dogs, crumbs cast in a fish-pond, painful travail of ants and their bearing of burdens, skurryings of scared little mice, puppets moved by strings. Amid such environment therefore thou must take thy place graciously and not snorting defiance, nay thou must keep abreast of the fact that everyone is worth just so much as those things are worth in which he is interested.

4. In conversation keep abreast of what is being said, and, in every effort, of what is being done. In the latter see from the first to what end it has reference, and in the former be careful to catch the meaning.

5. Is my mind competent for this or not? If competent, I apply it to the task as an instrument given me by the Universal Nature. If not competent, I either withdraw from the work in favour of someone who can accomplish it better, unless for other reasons duty forbids; or I do the best I can, taking to assist me any one that can utilize my ruling Reason to effect what is at the moment seasonable and useful for the common welfare. For in whatsoever I do either by myself or with another I must direct my energies to this alone, that it shall conduce to the common interest and be in harmony with it.

6. How many much-lauded heroes have already been given as a prey unto forgetfulness, and how many that lauded them have long ago disappeared!

7. Blush not to be helped; for thou art bound to carry out the task that is laid upon thee as a soldier to storm the breach. What then, if for very lameness thou canst not mount the ramparts unaided, but canst do this with another's help?

8. Be not disquieted about the future. If thou must come thither, thou wilt come armed with the same reason which thou appliest now to the present.

9. All things are mutually intertwined, and the tie is sacred, and scarcely anything is alien the one to the other. For all things have been ranged side by side, and together help to order one ordered Universe. For there is both one Universe, made up of all things, and one God immanent in all things, and one Substance, and one Law, one Reason common to all intelligent creatures, and one Truth, if indeed there is also one perfecting of living creatures that have the same origin and share the same reason.

10. A little while and all that is material is lost to sight in the Substance of the Universe, a little while and all Cause is taken back into the Reason of the Universe, a little while and the remembrance of everything is encairned in Eternity.

11. To the rational creature the same act is at once according to nature and according to reason.

12. Upright, or made upright.

13. The principle which obtains where limbs and body unite to form one organism, holds good also for rational things with their separate individualities, constituted as they are to work in conjunction. But the perception of this shall come more home to thee, if thou sayest to thyself, I am a limb of the organized body of rational things. But if [using the letter R] thou sayest thou art but a part, not yet dost thou love mankind from the heart, nor yet does well-doing delight thee for its own sake. Thou dost practise it still as a bare duty, not yet as a boon to thyself.

14. Let any external thing, that will, be incident to whatever is able to feel this incidence. For that which feels can, if it please, complain. But I, if I do not consider what has befallen me to be an evil, am still unhurt. And I can refuse so to consider it.

15. Let any say or do what he will, I must for my part be good. So might the emerald—or gold or purple—never tire of repeating, Whatever any one shall do or say, I must be an emerald and keep my colour.

16. The ruling Reason is never the disturber of its own peace, never, for instance, hurries itself into lust. But if another can cause it fear or pain, let it do so. For it will not let its own assumptions lead it into such aberrations.

Let the body take thought for itself, if it may, that it suffer no hurt and, if it do so suffer, let it proclaim the fact. But the soul that has the faculty of fear, the faculty of pain, and alone can assume that these exist, can never suffer; for it is not given to making any such admission.

In itself the ruling Reason wants for nothing unless it creates its own needs, and in like manner nothing can disturb it, nothing impede it, unless the disturbance or impediment come from itself.

17. Well-being is a good Being, or a ruling Reason that is good. What then doest thou here, O Imagination? Avaunt, in God's name, as thou earnest, for I desire thee not! But thou art come according to thine ancient wont. I hear thee no malice; only depart from me!

18. Does a man shrink from change? Why, what can come into being save by change? What be nearer or dearer to the Nature of the Universe? Canst thou take a hot bath unless the wood for the furnace suffer a change? Couldst thou be fed, if thy food suffered no change, and can any of the needs of life be provided for apart from change? Seest thou not that a personal change is similar, and similarly necessary to the Nature of the Universe?

19. Through the universal Substance as through a rushing torrent all bodies pass on their way, united with the Whole in nature and activity, as our members are with one another.

How many a Chrysippus, how many a Socrates, how many an Epictetus hath Time already devoured! Whatsoever man thou hast to do with and whatsoever thing, let the same thought strike thee.

20. I am concerned about one thing only, that I of myself do not what man's constitution does not will, or wills not now, or in a way that it wills not.

21. A little while and thou wilt have forgotten everything, a little while and everything will have forgotten thee.

22. It is a man's especial privilege to love even those who stumble. And this love follows as soon as thou reflectest that they are of kin to thee and that they do wrong involuntarily and through ignorance, and that within a little while both they and thou will be dead; and this, above all, that the man has done thee no hurt; for he has not made thy ruling Reason worse than it was before.

23. The Nature of the Whole out of the Substance of the Whole, as out of wax, moulds at one time a horse, and breaking up the mould kneads the material up again into a tree, then into a man, and then into something else; and every one of these subsists but for a moment. It is no more a hardship for the coffer to be broken up than it was for it to be fitted together.

24. An angry scowl on the face is beyond measure unnatural, and when it is often seen there, all comeliness begins at once to die away, or in the end is so utterly extinguished that it can never be rekindled at all. From this very fact try to reach the conclusion that it is contrary to reason. The consciousness of wrong-doing once lost, what motive is left for living any more?

25. Everything that thou seest will the Nature that controls the Universe change, no one knows how soon, and out of its substance make other compounds, and again others out of theirs, that the world may ever renew its youth.

26. Does a man do thee wrong? Go to and mark what notion of good and evil was his that did the wrong. Once perceive that and thou wilt feel compassion not surprise or anger. For thou hast still thyself either the same notion of good and evil as he or another not unlike. Thou needs must forgive him then. But if thy notions of good and evil are no longer such, all the more easily shalt thou be gracious to him that sees awry.

27. Dream not of that which thou hast not as though already thine, but of what thou hast pick out the choicest blessings, and do not forget in respect of them how eagerly thou wouldst have coveted them, had they not been thine. Albeit beware that thou do not inure thyself, by reason of this thy delight in them, to prize them so highly as to be distressed if at any time they are lost to thee.

28. Gather thyself into thyself. It is characteristic of the rational Ruling Faculty to be satisfied with its own righteous dealing and the peace which that brings.

29. Efface imagination! Cease to be pulled as a puppet by thy passions. Isolate the present. Recognize what befalls either thee or another. Dissect and analyze all that comes under thy ken into the Causal and the Material. Meditate on thy last hour. Let the wrong thy neighbour does thee rest with him that did the wrong.

30. Do thy utmost to keep up with what is said. Let thy mind enter into the things that are done and the things that are doing them.

31. Make thy face to shine with simplicity and modesty and disregard of all that lies between virtue and vice. Love human-kind. Follow God. Says the Sage: All things by Law, but in very truth only elements. And it suffices to remember that all things are by law: there thou hast it briefly enough.

32. Of death: Either dispersion if atoms; or, if a single Whole, either extinction or a change of state.

33. Of pain: When unbearable it destroys us, when lasting, it is bearable, and the mind safeguards its own calm by withdrawing itself, and the ruling Reason takes no hurt. As to the parts that are impaired by the pain, let them say their say about it as they can.

34. Of glory: Look at the minds of its votaries, their characteristics, ambitions, antipathies. Remember too that, as the sands of the sea drifting one upon the other bury the earlier deposits, so in life the earlier things are very soon hidden under what comes after.

35. [From Plato.] Dost thou think that the life of man can seem any great matter to him who has true grandeur of soul and a comprehensive outlook on all Time and all Substance? "It cannot seem so, " said he. Will such a man then deem death a terrible thing? "Not in the least."

36. [From Antisthenes.]' Tis royal to do well and be ill spoken of.

37. It is a shame that while the countenance is subject to the mind, taking its cast and livery from it, the mind cannot take its cast and its livery from itself.

38. It nought availeth to be wroth with things,
For they reck not of it.

39. Unto the deathless Gods and to us give cause for

rejoicing.

40. Our lives are reaped like the ripe ears of corn,
And as one falls, another still is born.

41. Though me and both my sons the Gods have spurned,
For this too there is reason.

42. For justice and good luck shall bide with me.

43. No chorus of loud dirges, no hysteria.

44. [Citations from Plato.]I might fairly answer such a questioner: Thou art mistaken if thou thinkest that a man, who is worth anything at all, ought to let considerations of life and death weigh with him rather than in all that he does consider but this, whether it is just or unjust and the work of a good man or a bad.

45. This, men of Athens, is the true state of the case: Wherever a man has stationed himself, deeming it the best for him, or has been stationed by his commander, there methinks he ought to stay and run every risk, taking into account neither death nor anything else save dishonour.

46. But, my good sir, see whether nobility and goodness do not mean something other than to save and be saved; for surely a man worthy of the name must waive aside the question of the duration of life however extended, and must not cling basely to life, but leaving these things in the hands of God pin his faith to the women's adage, 'his destiny no man can flee', and thereafter consider in what way he may best live for such time as he has to live.

47. Watch the stars in their courses as one that runneth about with them therein; and think constantly upon the reciprocal changes of the elements, for thoughts on these things cleanse away the mire of our earthly life.

48. Noble is this saying of Plato's. Moreover he who discourses of men should, as if from some vantage-point above, take a bird's-eye view of the things of earth, in its gatherings, armies, husbandry, its marriages and separations, its births and deaths, the din of the law-court and the silence of the desert, barbarous races manifold, its feasts and mournings and markets, the medley of it all and its orderly conjunction of contraries.

49. Pass in review the far-off things of the past and its succession of sovranties without number. Thou canst look forward and see the future also. For it will most surely be of the same character, and it cannot but carry on the rhythm of existing things. Consequently it is all one, whether we witness human life for forty years or ten thousand. For what more shalt thou see?

50. All that is earth-born gravitates earthwards,
Dust unto dust; and all that from ether
Grows, speeds swiftly back again heavenward;

that is, either there is a breaking up of the closely-linked atoms or, what is much the same, a scattering of the impassive elements.

51. Again
With meats and drinks and curious sorceries
Side-track the stream, so be they may not die.
When a storm from the Gods beats down on our bark,
At our oars then we need must toil and complain not.

52. Better at the cross-buttock, may be, but not at shewing public spirit or modesty, or being readier for every contingency or more gracious to our neighbour if he sees awry.

53. A work that can be accomplished in obedience to that reason which we share with the Gods is attended with no fear. For no harm need be anticipated, where by an activity that follows the right road, and satisfies the demands of our constitution, we can ensure our own weal.

54. At all times and in all places it rests with thee both to be content with thy present lot as a worshipper of the Gods, and to deal righteously with thy present neighbours, and to labour lovingly at thy present thoughts, that nothing unverified should steal into them.

55. Look not about thee at the ruling Reason of others, but look with straight eyes at this, To what is Nature guiding thee?—both the Nature of the Universe, by means of what befalls thee and thy nature by means of the acts thou hast to do. But everyone must do what follows from his own constitution; and all other things have been constituted for the sake of rational beings—just as in every other case the lower are for the sake of the higher—but the rational for their own sake.

Social obligation then is the leading feature in the constitution of man and, coming second to it, an uncompromising resistance to bodily inclinations. For it is the privilege of a rational and intelligent motion to isolate itself, and never to be overcome by the motions of sense or desire; for either kind is animal-like. But the motion of the Intelligence claims ever to have the pre-eminence and never to be mastered by them. And rightly so, for it is its nature to put all those to its own use. Thirdly, the rational constitution is free from precipitancy and cannot be misled. Let the ruling Reason then, clinging to these characteristics, accomplish a straight course and then it comes into its own.

56. As one that is dead, and his life till now lived and gone, must thou count the rest of thy days as so much to the good, and live according to Nature.

57. Love only what befalls thee and is spun for thee by fate. For what can be more befitting for thee?

58. In every contingency keep before thine eyes those who, when these same things befell them, were straightway aggrieved, estranged, rebellious. Where are they now? Nowhere! What then? Wouldst thou be like them? Why not leave those alien deflections to what deflects and is deflected by them, and devote thyself wholly to the question how to turn these contingencies to the best advantage? For then wilt thou make a noble use of them, and they shall be thy raw material. Only in thought and will take heed to be beautiful to thyself in all that thou doest. And remember, in rejecting the one and using the other, that the thing which matters is the aim of the action.

59. Look within. Within is the fountain of Good, ready always to well forth if thou wilt alway delve.

60. The body too should be firmly set and suffer no distortion in movement or bearing. For what the mind effects in the face, by keeping it composed and well-favoured, should be looked for similarly in the whole body. But all this must be secured without conscious effort.

61. The business of life is more akin to wrestling than dancing, for it requires of us to stand ready and unshakable against every assault however unforeseen.

62. Continually reflect, who they are whose favourable testimony thou desirest, and what their ruling Reason; for thus wilt thou not find fault with those who unintentionally offend, nor wilt thou want their testimony, when thou lookest into the inner springs of their opinions and desires.

63. Every soul, says Plato, is reft of truth against its will. Therefore it is the same also with justice and temperance and lovingkindness and every like quality. It is essential to keep this ever in mind, for it will make thee gentler towards all.

64. Whenever thou art in pain, have this reflection ready, that this is nothing to be ashamed of, nor can it make worse the mind that holds the helm. For it cannot impair it in so far as it is rational or in so far as it is social. In most pains, however, call to thy rescue even Epicurus when he says that a pain is never unbearable or interminable, so that thou remember its limitations and add nothing to it in imagination. Recollect this too that many of our every-day discomforts are really pain in disguise, such as drowsiness, a high temperature, want of appetite. When inclined to be vexed at any of these, say to thyself: I am giving in to pain.

65. See that thou never have for the inhuman the feeling which the inhuman have for human kind.

66. How do we know that Telauges may not have excelled

Socrates in character? For it is not enough that Socrates died a more glorious death, and disputed more deftly with the Sophists, and with more hardihood braved whole nights in the frost, and, when called upon to fetch the Salaminian, deemed it more spirited to disobey, and that he carried his head high as he walked—and about the truth of this one can easily judge;—but the point to elucidate is this: what sort of soul had Socrates, and could he rest satisfied with being just in his dealings with men and religious in his attitude towards the Gods, neither resentful at the wickedness of others nor yet lackeying the ignorance of anyone, nor regarding as alien to himself anything allotted to him from the Whole, nor bearing it as a burden intolerable, nor letting his intelligence be swayed sympathetically by the affections of the flesh?

67. Nature did not make so intimate a blend in the compound as not to allow a man to isolate himself and keep his own things in his own power. For it is very possible to be a godlike man and yet not to be recognized by any. Never forget this; nor that the happy life depends on the fewest possible things; nor because thou hast been baulked in the hope of becoming skilled in dialectics and physics, needest thou despair of being free and modest and unselfish and obedient to God.

68. Thou mayest live out thy life with none to constrain thee in the utmost peace of mind even though the whole world cry out against thee what they will, even though beasts tear limb from limb this plastic clay that has encased thee with its growth. For what in all this debars the mind from keeping itself in calmness, in a right judgment as to its environment, and in readiness to use all that is put at its disposal? So that the judgment can say to that which meets it: In essential substance thou art this, whatever else the common fame would have thee be. And the use can say to the object presented to it: Thee was I seeking. For the thing in hand is for me ever material for the exercise of rational and civic virtue, and in a word for the art of a man or of God. For everything that befalls is intimately connected with God or man, and is not new or difficult to deal with, but familiar and feasible.

69. This is the mark of a perfect character, to pass through each day as if it were the last, without agitation, without torpor, without pretence.

70. The Gods—and they are immortal—do not take it amiss that for a time so long they must inevitably and always put up with worthless men who are what they are and so many; nay they even befriend them in all manner of ways. But thou, though destined to die so soon, criest off, and that too though thou art one of the worthless ones thyself.

71. It is absurd not to eschew our own wickedness, which is possible, but to eschew that of others, which is not possible.

72. Whatever thy rational and civic faculty discovers to be neither intelligent nor social, it judges with good reason to fall short of its own standard.

73. When thou hast done well to another and another has fared well at thy hands, why go on like the foolish to look for a third thing besides, that is, the credit also of having done well or a return for the same?

74. No one wearies of benefits received; and to act by the law of Nature is its own benefit. Weary not then of being benefited therein, wherein thou dost benefit others.

75. The Nature of the Whole felt impelled to the creation of a Universe; but now either all that comes into being does so by a natural sequence, or even the most paramount things, towards which the ruling Reason of the Universe feels an impulse of its own, are devoid of intelligence. Recollect this and thou wilt face many an ill with more serenity.

Book VIII

1. This too serves as a corrective to vain-gloriousness, that thou art no longer able to have lived thy life wholly, or even from thy youth up, as a philosopher. Thou canst clearly perceive, and many others can see it too, that thou art far from Philosophy. So then thy life is a chaos, and no longer is it easy for thee to win the credit of being a philosopher; and the facts of thy life too war against it. If then thine eyes have verily seen where the truth lies, care no more what men shall think of thee, but be content if the rest of thy life, whether long or short, be lived as thy nature wills. Make sure then what that will is, and let nothing else draw thee aside. For past experience tells thee in how much thou hast gone astray, nor anywhere lighted upon the true life; no, not in the subtleties of logic, or in wealth or fame or enjoyment, or anywhere. Where then is it to be found? In doing that which is the quest of man's nature. How then shall a man do this? By having axioms as the source of his impulses and actions. What axioms? On the nature of Good and Evil, shewing that nothing is for a man's good save what makes him just, temperate, manly, free; nor any thing for his ill that makes him not the reverse of these.

2. In every action ask thyself, How does it affect me? Shall I regret it? But a little and I am dead and all that lies between is past. What more do I ask for, as long as my present work is that of a living creature, intelligent, social, and under one law with God?

3. What are Alexander and Gaius and Pompeius to Diogenes and Heraclitus and Socrates? For these latter had their eyes opened to things and to the causes and the material substance of things, and their ruling Reason was their very own. But those what a host of cares, what a world of slavery!

4. Thou mayst burst thyself with rage, but they will go on doing the same things none the less.

5. Firstly,fret not thyself, for all things are as the Nature of the Universe would have them, and within a little thou shalt be non-existent, and nowhere, like Hadrianus and Augustus. Secondly, look stead fastly at the thing, and see it as it is and, remembering withal that thou must be a good man, and what the Nature of man calls for, do this without swerving, and speak as seemeth to thee most just, only be it graciously, modestly, and without feigning.

6. The Nature of the Universe is charged with this task, to transfer yonder the things which are here, to interchange them, to take them hence and convey them thither. All things are but phases of change, but nothing new-fangled need be feared; all things are of the wonted type, nay, their distributions also are alike.

7. Every nature is content with itself when it speeds well on its way; and a rational nature speeds well on its way, when in its impressions it gives assent to nothing that is false or obscure, and directs its impulses towards none but social acts, and limits its inclinations and its aversions only to things that are in its power, and welcomes all that the Universal Nature allots it. For it is a part of that, as the nature of the leaf is of the plant-nature; with the difference however, that in the case of the plant the nature of the leaf is part of a nature void both of sentience and reason, and liable to be thwarted, while a man's nature is part of a nature unthwartable and intelligent and just, if indeed it divides up equally and in due measure to every one his quotas of time, substance, cause, activity, circumstance. And consider, not whether thou shalt find one thing in every case equal to one thing, but whether, collectively, the whole of this equal to the aggregate of that.

8. Thou canst not be a student. But thou canst refrain from insolence; but thou canst rise superior to pleasures and pains; but thou canst tread under thy feet the love of glory; but thou canst forbear to be angry with the unfeeling and the thankless, aye and even care for them.

9. Let no one hear thee any more grumbling at life in a Court, nay let not thine own ears hear thee.

10. Repentance is a sort of self-reproach at some useful thing passed by; but the good must needs be a useful thing, and ever to be cultivated by the true good man; but the true good man would never regret having passed a pleasure by. Pleasure therefore is neither a useful thing nor a good.

11. What of itself is the thing in question as individually constituted? What is the substance and material of it? What the causal part? What doeth it in the Universe? How long doth it subsist?

12. When thou art loth to get up, call to mind that the due discharge of social duties is in accordance with thy constitution and in accordance with man's nature, while even irrational animals share with us the faculty of sleep; but what is in accordance with the nature of the individual is more congenial, more closely akin to him, aye and more attractive.

13. Persistently and, if possible, in every case test thy impressions by the rules of physics, ethics, logic.

14. Whatever man thou meetest, put to thyself at once this question: What are this man's convictions about good and evil? For if they are such and such about pleasure and pain and what is productive of them, about good report and ill report, about death and life, it will be in no way strange or surprising to me if he does such and such things. So I will remember that he is constrained to act as he does.

15. Remember that, as it is monstrous to be surprised at a fig-tree bearing figs, so also is it to be surprised at the Universe bearing its own particular crop. Likewise it is monstrous for a physician or a steersman to be surprised that a patient has fever or that a contrary wind has sprung up.

16. Remember that neither a change of mind nor a willingness to be set right by others is inconsistent with true freedom of will. For thine alone is the active effort that effects its purpose in accordance with thy impulse and judgment, aye and thy intelligence also.

17. If the choice rests with thee, why do the thing? if with another, whom dost thou blame? Atoms or Gods? To do either would be crazy folly No one is to blame. For if thou canst, set the offender right. Failing that, at least set the thing itself right. If that too be impracticable, what purpose is served by imputing blame? For without a purpose nothing should be done.

18. That which dies is not cast out of the Universe. As it remains here, it also suffers change here and is dissolved into its own constituents, which are the elements of the Universe and thy own. Yes, and they too suffer change and murmur not.

19. Every thing, be it a horse, be it a vine, has come into being for some end. Why wonder? Helios himself will say: I exist to do some work; and so of all the other Gods. For what then dost thou exist? For pleasure? Surely it is unthinkable.

20. Nature has included in its aim in every case the ceasing to be no less than the beginning and the duration, just as the man who tosses up his ball. But what good does the ball gain while tossed upwards, or harm as it comes down, or finally when it reaches the ground? Or what good accrues to the bubble while it coheres, or harm in its bursting? And the same holds good with the lamp-flame.

21. Turn it inside out and see what it is like, what it comes to be when old, when sickly, when carrion.

They endure but for a season, both praiser and praised, rememberer and remembered. All this too in a tiny corner of this continent, and not even there are all in accord, no nor a man with himself; and the whole earth is itself a point.

22. Fix thy attention on the subject-matter or the act or the principle or the thing signified.

Rightly served! Thou wouldst rather become a good man to-morrow than be one to-day.

23. Am I doing some thing? I do it with reference to the well-being of mankind. Does something befall me? I accept it with a reference to the Gods and to the Source of all things from which issue, linked together, the things that come into being.

24. What bathing is when thou thinkest of it oil, sweat, filth, greasy water, everything revolting such is every part of life and every object we meet with.

25. Lucilla buried Verus, then Lucilla was buried; Secunda Maximus, then Secunda; Epitynchanus Diotimus, then Epitynchanus; Antoninus Faustina, then Antoninus. The same tale always: Celer buried Hadrianus and then Celer was buried.

And those acute wits, men renowned for their prescience or their pride, where are they? Such acute wits, for instance, as Charax and Demetrius [the Platonist] and Eudaemon, and others like them. All creatures of a day, dead long ago! —some not remembered even for a while, others transformed into legends, and yet others from legends faded into nothingness! Bear then in mind that either this thy composite self must be scattered abroad, or thy vital breath be quenched, or be transferred and set elsewhere.

26. It brings gladness to a man to do a man's true work. And a man's true work is to shew goodwill to his own kind, to disdain the motions of the senses, to diagnose specious impressions, to take a comprehensive view of the Nature of the Universe and all that is done at her bidding.

27. Thou hast three relationships—the first to the vessel thou art contained in; the second to the divine Cause wherefrom issue all things to all; and the third to those that dwell with thee.

28. Pain is an evil either to the body—let the body then denounce it—or to the Soul; but the Soul can ensure her own fair weather and her own calm sea, and refuse to account it an evil. For every conviction and impulse and desire and aversion is from within, and nothing climbs in thither.

29. Efface thy impressions, saying ever to thyself: Now lies it with me that thin soul should harbour no wickedness nor lust nor any disturbing element at all; but that, seeing the true nature of all things, I should deal with each as is its due. Bethink thee of this power that Nature gives thee.

30. Say thy say in the Senate or to any person whatsoever becomingly and naturally. Use sound speech.

31. The court of Augustus wife, daughter, descendants, ancestors, sister, Agrippa, kinsfolk, house hold, friends, Areius, Maecenas, physicians, haruspices—dead, the whole court of them! Pass on then to other records and the death not of individuals but of a clan, as of the Pompeii. And that well-known epitaph, Last of his race— think over it and the anxiety shewn by the man's ancestors that they might leave a successor. But after all some one must be the last of the line—here again the dearth of a whole race!

32. Act by act thou must build up thy life, and be content, if each act as far as may be fulfils its end. And there is never a man that can prevent it doing this. But there will be some impediment from without. There can be none to thy behaving justly, soberly, wisely. But what if some other exercise of activity be hindered? Well, a cheerful acceptance of the hindrance and a tactful transition to what is allowed will enable another action to be substituted that will be in keeping with the built-up life of which we are speaking.

33. Accept without arrogance, surrender without reluctance.

34. Thou hast seen a hand cut off or a foot, or a head severed from the trunk, and lying at some distance from the rest of the body. Just so does the man treat himself, as far as he may, who wills not what befalls and severs himself from mankind or acts unsocially. Say thou hast been torn away in some sort from the unity of Nature; for by the law of thy birth thou wast a part; but now thou hast cut thyself off. Yet here comes in that exquisite provision, that thou canst return again to thy unity. To no other part has God granted this, to come together again, when once separated and cleft asunder. Aye, behold His goodness, wherewith He hath glorified man! For He hath let it rest with a man that he be never rent away from the Whole, and if he do rend himself away, to return again and grow on to the rest and take up his position again as part.

35. Just as the Nature of rational things has given each rational being almost all his other powers, so also have we received this one from it; that, as this Nature moulds to its purpose whatever interference or opposition it meets, and gives it a place in the destined order of things, and makes it a part of itself, so also can the rational creature convert every hindrance into material for itself and utilize it for its own purposes.

36. Let not the mental picture of life as a whole confound thee. Fill not thy thoughts with what and how many ills may conceivably await thee, but in every present case ask thyself: What is there in this experience so crushing, so insupportable? Thou wilt blush to confess. Remind thyself further that it is not the future nor the past but the present always that brings thee its burden. But this is reduced to insignificance if thou isolate it, and take thy mind to task it cannot hold out against this mere trifle.

37. Does Pantheia now watch by the urn of her lord, or Pergamus? What, does Chabrias or Diotimus by Hadrian's? Absurd! And had they sat there till now, would the dead have been aware of it? and, if aware of it, would they have been pleased? and, if pleased, would that have made the mourners immortal? Was it not destined that these like others should become old women and old men and then die? What then, when they were dead, would be left for those whom they had mourned to do? It is all stench and foul corruption "in a sack of skin".

38. Hast thou keenness of sight? Use it with judgment ever so wisely, as the saying goes.

39. In the constitution of rational creatures I see no virtue incompatible with justice, but incompatible with pleasure I see continence.

40. Take away thy opinion as to any imagined pain, and thou thyself art set in surest safety. What is thyself? Reason. But I am not reason. Be it so. At all events let the Reason not cause itself pain, but if any part in thee is amiss, let it form its own opinion about itself.

41. To the animal nature a thwarting of sense-perception is an evil, as is also to the same nature the thwarting of impulse. There is similarly some other thing that can thwart the constitution of plants and is an evil to them. Thus then the thwarting of intelligence is an evil to the intelligent nature. Transfer the application of all this to thyself. Does pain, does pleasure take hold of thee? The senses shall look to it. Wast thou impelled to a thing and wast thwarted? If thy impulse counts on an unconditional fulfilment, failure at once becomes an evil to thee as a rational creature. But accept the universal limitation, and thou hast so far received no hurt nor even been thwarted. Indeed no one else is in a way to thwart the inner purposes of the mind. For it no fire can touch, nor steel, nor tyrant, nor obloquy, nor any thing soever: a sphere once formed continues round and true.

42. It were not right that I should pain myself for not even another have I ever knowingly pained.

43. One thing delights one, another thing another. To me it is a delight if I keep my ruling Reason sound, not looking askance at man or anything that befalls man, but regarding all things with kindly eyes, accepting and using everything for its intrinsic worth.

44. See thou dower thyself with this present time. Those that yearn rather for after-fame do not realize that their successors are sure to be very much the same as the contemporaries whom they find such a burden, and no less mortal. What is it anyway to thee if there be this or that far-off echo of their voices, or if they have this or that opinion about thee?

45. Take me up and cast me where thou wilt. For even there will I keep my "genius" tranquil, that is, content if in itself and in its activity it follow the laws of its own constitution.

Is this worth while, that on its account my soul should be ill at ease and fall below itself, grovelling, grasping, floundering, affrighted? What could make it worth while?

46. Nothing can befall a man that is not a contingency natural to man; nor befall an ox, that is not natural to oxen, nor a vine that is not natural to a vine, nor a stone that is not proper to it. If therefore only what is natural and customary befalls each, why be aggrieved? For the common Nature brings thee nothing that thou canst not bear.

47. When thou art vexed at some external cross, it is not the thing itself that troubles thee, but thy judgment on it. And this thou canst annul in a moment. But if thou art vexed at something in thine own character, who can prevent thee from rectifying the principle that is to blame? So also if thou art vexed at not undertaking that which seems to thee a sound act, why not rather undertake it than be vexed? But there is a lion in the path! Be not vexed then, for the blame of inaction rests not with thee. But life is not worth living, this left undone. Depart then from life, dying with the same kindly feelings as he who effects his purpose, and accepting with a good grace the obstacles that thwart thee.

48. Never forget that the ruling Reason shews itself unconquerable when, concentrated in itself, it is content with itself so it do nothing that it doth not will, even if it refuse from mere opposition and not from reason much more, then, if it judge of a thing on reasonable grounds and advisedly. Therefore the Mind, unmastered by passions, is a very citadel, for a man has no fortress more impregnable wherein to find refuge and be untaken for ever. He indeed who hath not seen this is ignorant, but he that hath seen it and takes not refuge therein is luckless.

49. Say no more to thyself than what the initial impressions report. This has been told thee, that so and so speaks ill of thee. This has been told thee, but it has not been told thee that thou art harmed. I see that my child is ailing. I see it, but I do not see that he is in danger. Keep then ever to first impressions and supplement them not on thy part from within, and nothing happens to thee. And yet do supplement them with this, that thou art familiar with every possible contingency in the world.

50. The gherkin is bitter. Toss it away. There are briars in the path. Turn aside. That suffices, and thou needest not to add: Why are such things found in the world? For thou wouldst be a laughing stock to any student of nature; just as thou wouldst be laughed at by a carpenter and a cobbler if thou tookest them to task because in their shops are seen sawdust and parings from what they are making. And yet they have space for the disposal of their fragments; while the Universal Nature has nothing outside herself; but the marvel of her craftsmanship is that, though she is limited to herself, she transmutes into her own substance all that within her seems to be perishing and decrepit and useless, and again from these very things produces other new ones; whereby she shews that she neither wants any substance outside herself nor needs a corner where she may cast her decaying matter. Her own space, her own material, her own proper craftsmanship is all that she requires.

51. Be not dilatory in doing, nor confused in conversation, nor vague in thought; let not thy soul be wholly concentred in itself nor uncontrollably agitated; leave thyself leisure in thy life.

They kill us, they cut us limit from limb, they hunt us with execrations! How does that prevent thy mind being still pure, sane, sober, just? Imagine a man to stand by a crystal-clear spring of sweet water, and to rail at it; yet it fails not to bubble up with wholesome water. Throw in mud or even filth and it will quickly winnow them away and purge itself of them and take never a stain. How then possess thyself of a living fountain and no mere well? By guiding thyself carefully every hour into freedom with kindliness, simplicity, and modesty.

52. He that knoweth not what the Universe is knoweth not where he is. He that knoweth not the end of its being knoweth not who he is or what the Universe is. But he that is wanting in the knowledge of any of these things could not tell what is the end of his own being. What then must we think of those that court or eschew the verdict of the clappers, who have no conception where or who they are?

53. Carest thou to be praised by a man who execrates himself thrice within the hour? to win the approval of a man who wins not his own? Can he be said to win his own approval who regrets almost every thing he does?

54. Be no longer content merely to breathe in unison with the all-embracing air, but from this moment think also in unison with the all-embracing Intelligence. For that intelligent faculty is every where diffused and offers itself on every side to him that can take it in no less than the aerial to him that can breathe.

55. Taken collectively wickedness does no harm to the Universe, and the particular wickedness does no harm to others. It is harmful to the one individual alone, and he has been given the option of being quit of it the first moment he pleases.

56. To my power of choice the power of choice of my neighbour is as much a matter of indifference as is his vital breath and his flesh. For however much we may have been made for one another, yet our ruling Reason is in each case master in its own house. Else might my neighbour's wickedness become my bane; and this was not God's will, that another might not have my unhappiness in his keeping.

57. The sun's light is diffused down, as it seems, yes, and in every direction, yet it does not diffuse itself away. For this diffusion is an extension. At any rate the beams of the Sun are called Extension rays, because they have an extension in space. And what a ray is you may easily see, if you observe the sun's light entering through a narrow chink into a darkened room, for it extends straight on, and is as it were brought up against any solid body it encounters that cuts off the air beyond. There the ray comes to a standstill, neither slipping off nor sinking down. Such then should be the diffusion and circumfusion of the mind, never a diffusing away but extension, and it should never make a violent or uncontrollable impact against any obstacle it meets with, no, nor collapse, but stand firm and illuminate what receives it. For that which conducts it not on its way will deprive itself wilfully of its beams.

58. Dread of death is a dread of non-sensation or new sensation. But either thou wilt feel no sensation, and so no sensation of any evil; or a different kind of sensation will be thine, and so the life of a different creature, but still a life.

59. Mankind have been created for the sake of one another. Either instruct therefore or endure.

60. One is the way of an arrow, another of the mind. Howbeit the mind, both when it cautiously examines its ground and when it is engaged in its enquiry, is none the less moving straight forward and towards its goal.

61. Enter into every man's ruling Reason, and give every one else an opportunity to enter into thine.

Book IX

1. Injustice is impiety. For in that the Nature of the Universe has fashioned rational creatures for the sake of one another with a view to mutual benefit based upon worth, but by no means for harm, the transgressor of her will acts with obvious impiety against the most venerable of Deities.

And the liar too acts impiously with respect to the same Goddess. For the Nature of the Universe is the Nature of the things that are. And the things that are have an intimate connexion with all the things that have ever been. Moreover this Nature is named Truth, and is the primary cause of all that is true. The willing liar then is impious in so far as his deceit is a wrong-doing; and the unwilling liar too, for he is out of tune with the Nature of the Whole, and an element of disorder by being in conflict with the Nature of an orderly Universe; for he is in conflict who allows himself, as far as his conduct goes, to be carried into opposition to what is true. And whereas he had previously been endowed by nature with the means of distinguishing false from true, by neglecting to use them he has lost the power.

Again he acts impiously who seeks after pleasure as a good thing and eschews pain as an evil. For such a man must inevitably find frequent fault with the Universal Nature as unfair in its apportionments to the worthless and the worthy, since the worthless are often lapped in pleasures and possess the things that make for pleasure, while the worthy meet with pain and the things that make for pain. Moreover he that dreads pain will some day be in dread of something that must be in the world. And there we have impiety at once. And he that hunts after pleasures will not hold his hand from injustice. And this is palpable impiety.

But those, who are of one mind with Nature and would walk in her ways, must hold a neutral attitude towards those things towards which the Universal Nature is neutral—for she would not be the Maker of both were she not neutral towards both. So he clearly acts with impiety who is not himself neutral towards pain and pleasure, death and life, good report and ill report, things which the Nature of the Universe treats with neutrality. And by the Universal Nature treating these with neutrality I mean that all things happen neutrally in a chain of sequence to things that come into being and their after products by some primeval impulse of Providence, in accordance with which She was impelled by some primal impulse to this making of an ordered Universe, when she had conceived certain principles for all that was to be, and allocated the powers generative of substances and changes and successions such as we see.

2. It were more graceful doubtless for a man to depart from mankind untainted with falsehood and all dissimulation and luxury and arrogance; failing that, however, the next best course is to breathe out his life when his gorge has risen at these things. Or is it thy choice to throw in thy lot with vice, and does not even thy taste of it yet persuade thee to fly from the pestilence? For the corruption of the mind is a pest far worse than any such miasma and vitiation of the air which we breathe around us. The latter is a pestilence for living creatures and affects their life, the former for human beings and affects their humanity.

3. Despise not death, but welcome it, for Nature wills it like all else. For dissolution is but one of the processes of Nature, associated with thy life's various seasons, such as to be young, to be old, to wax to our prime and to reach it, to grow teeth and beard and gray hairs, to beget, conceive and bring forth. A man then that has reasoned the matter out should not take up towards death the attitude of indifference, reluctance, or scorn, but await it as one of the processes of Nature. Look for the hour when thy soul shall emerge from this its sheath, as now thou awaitest the moment when the child she carries shall come forth from thy wife's womb.

But if thou desirest a commonplace solace too that will appeal to the heart, nothing will enable thee to meet death with equanimity better than to observe the environment thou art leaving and the sort of characters with whom thy soul shall no longer be mixed up. For while it is very far from right to be disgusted with them, but rather even to befriend and deal gently with them, yet it is well to remember that not from men of like principles with thine will thy release be. For this alone, if anything, could draw us back and bind us to life, if it were but permitted us to live with those who have possessed themselves of the same principles as ours. But now thou seest how thou art driven by sheer weariness at the jarring discord of thy life with them to say: Tarry not, Death, lest peradventure I too forget myself.

4. He that does wrong, does wrong to himself. The unjust man is unjust to himself, for he makes himself bad.

5. There is often an injustice of omission as well as of commission.

6. The present assumption rightly apprehended, the present act socially enacted, the present disposition satisfied with all that befalls it from the Cause external to it—these will suffice.

7. Efface imagination. Restrain impulse. Quench desire. Keep the ruling Reason in thine own power.

8. Among irrational creatures one life is distributed, and among the rational one intellectual soul has been parcelled out. Just as also there is one earth for all the things that are of the earth; and one is the light whereby we see, and one the air we all breathe that have sight and life.

9. All that share in a common element have an affinity for their own kind. The trend of all that is earthy is to earth; fluids all run together; it is the same with the aerial; so that only interposing obstacles and force can keep them apart. Fire indeed has a tendency to rise by reason of the elemental fire, but is so quick to be kindled in sympathy with all fire here below that every sort of matter, a whit drier than usual, is easily kindled owing to its having fewer constituents calculated to offer resistance to its kindling. So then all that shares in the Universal Intelligent Nature has as strong an affinity towards what is akin, aye even a stronger. For the measure of its superiority to all other things is the measure of its readiness to blend and coalesce with that which is akin to it.

At any rate to begin with among irrational creatures we find swarms and herds and bird-colonies and, as it were, love-associations. For already at that stage there are souls, and the bond of affinity shews itself in the higher form to a degree of intensity not found in plants or stones or timber. But among rational creatures are found political communities and friendships and households and gatherings and in wars treaties and armistices. But in things still higher a sort of unity in separation even exists, as in the stars. Thus the ascent to the higher form is able to effect a sympathetic connexion even among things which are separate.

See then what actually happens at the present time; for at the present time it is only the intelligent creatures that have forgotten their mutual affinity and attraction, and here alone there is no sign of like flowing to like. Yet flee as they will, they are nevertheless caught in the toils, for Nature will have her way. Watch closely and thou wilt see 'tis so. Easier at any rate were it to find an earthy thing in touch with nothing earthy than a man wholly severed from mankind.

10. They all bear fruit—Man and God and the Universe:

each in its due season bears. It matters nought that in customary parlance such a term is strictly applicable only to the vine and such things. Reason too hath its fruit both for all and for itself, and there issue from it other things such as is Reason itself.

11. If thou art able, convert the wrong-doer. If not, bear in mind that kindliness was given thee to meet just such a case. The Gods too are kindly to such persons and even co-operate with them for certain ends for health, to wit, and wealth and fame, so benignant are they. Thou too canst be the same; or say who is there that prevents thee.

12. Do thy work not as a drudge, nor as desirous of pity or praise. Desire one thing only, to act or not to act as civic reason directs.

13. This day have I got me out of all trouble, or rather have cast out all trouble, for it was not from without, but within, in my own imagination.

14. All these are things of familiar experience; in their duration ephemeral, in their material foul. Everything is now as it was in the days of those whom we have buried.

15. Objective things stand outside the door, keeping themselves to themselves, without knowledge of or message about themselves. What then has for us a message about them? The ruling Reason.

16. Not in being acted upon but in activity lies the evil and the good of the rational and civic creature, just as his virtue too and his vice lie in activity and not in being acted upon.

17. The stone that is thrown into the air is none the worse for falling down, or the better for being carried upwards.

18. Find the way within into their ruling Reason, and thou shalt see what these judges are whom thou fearest and what their judgment of themselves is worth.

19. Change is the universal experience.Thou art thyself undergoing a perpetual transformation and, in some sort, decay: aye and the whole Universe as well.

20. Another's wrong-doing should be left with him.

21. A cessation of activity, a quiescence from impulse and opinion and, as it were, their death, is no evil. Turn now to consider the stages of thy life—childhood, boyhood, manhood, old age each step in the ladder of change a death. Is there anything terrible here? Pass on now to thy life under thy grandfather, then under thy mother, then under thy father, and finding there many other alterations, changes, and cessations, ask thyself: Is there anything terrible here? No, nor any in the ending and quiescence and change of the whole of life.

22. Speed to the ruling Reason of thyself, and of the Universe, and of thy neighbour: of thine own, that thou mayest make it just; of that of the Universe, that thou mayest therewithal remember of what thou art a part; of thy neighbour, that thou mayest learn whether it was ignorance with him or understanding, and reflect at the same time that it is akin to thee.

23. As thou thyself art a part perfective of a civic organism, let also thine every act be a part perfective of civic life. Every act of thine then that has no relation direct or indirect to this social end, tears thy life asunder and destroys its unity, and creates a schism, just as in a commonwealth does the man who, as far as in him lies, stands aloof from such a concord of his fellows.

24. Children's squabbles and make-believe, and little souls bearing up corpses—the Invocation of the Dead might strike one as a more vivid reality!

25. Go straight to that which makes a thing what it is, its formative cause, and, isolating it from the material, regard it so. Then mark off the utmost time for which the individual object so qualified is calculated to subsist.

26. By not being content with thy ruling Reason doing the work for which it was constituted, thou hast borne unnumbered ills. Nay 'tis enough!

27. When men blame or hate thee or give utterance to some such feelings against thee, turn to their souls, enter into them, and see what sort of men they are. Thou wilt perceive that thou needest not be concerned as to what they think of thee. Yet must thou feel kindly towards them, for Nature made them dear to thee. The Gods too lend them aid in divers ways by dreams and oracles, to win those very things on which their hearts are set.

28. The same, upwards, downwards, from cycle to cycle are the revolutions of the Universe. And either the Universal Mind feels an impulse to act in each separate case—and if this be so, accept its impulsion—or it felt this impulse once for all, and all subsequent things follow by way of consequence; and what matters which it be, for if you like to put it so the world is all atoms [or indivisible]. But as to the Whole, if God—all is well; if haphazard—be not thou also haphazard.

Presently the earth will cover us all. It too will anon be changed, and the resulting product will go on from change to change, and so for ever and ever.When a man thinks of these successive waves of change and transformation, and their rapidity, he will hold every mortal thing in scorn.

29. The World-Cause is as a torrent, it sweeps everything along. How negligible these manikins that busy themselves with civic matters and flatter themselves that they act therein as philosophers! Drivellers all! What then, O Man? Do what Nature asks of thee now. Make the effort if it be given thee to do so and look not about to see if any shall know it. Dream not of Utopias but be content if the least thing go forward, and count the outcome of the matter in hand as a small thing. For who can alter another's conviction? Failing a change of conviction, we merely get men pretending to be persuaded and chafing like slaves under coercion. Go to now and tell me of Alexander and Philip and Demetrius of Phalerum. Whether they realized the will of Nature and schooled themselves thereto, is their concern. But if they played the tragedy-hero, no one has condemned me to copy them. Simple and modest is the work of Philosophy: lead me not astray into pomposity and pride.

30. Take a bird's-eye view of the world, its endless gatherings and endless ceremonials, voyagings manifold in storm and calm, and the vicissitudes of things coming into being, participating in being, ceasing to be. Reflect too on the life lived long ago by other men, and the life that shall be lived after thee, and is now being lived in barbarous countries; and how many have never even heard thy name, and how many will very soon forget it, and how many who now perhaps acclaim, will very soon blame thee, and that neither memory nor fame nor anything else whatever is worth reckoning.

31. Freedom from perturbance in all that befalls from the external Cause, and justice in all that thine own inner Cause prompts thee to do; that is, impulse and action finding fulfilment in the actual performance of social duty as being in accordance with thy nature.

32. It is in thy power to rid thyself of many unnecessary troubles, for they exist wholly in thy imagination. Thou wilt at once set thy feet in a large room by embracing the whole Universe in thy mind and including in thy purview time ever lasting, and by observing the rapid change in every part of everything, and the shortness of the span between birth and dissolution, and that the yawning immensity before birth is only matched by the infinity after our dissolution.

33. All that thine eyes behold will soon perish and they, who live to see it perish, will in their turn perish no less quickly; and he who outlives all his contemporaries and he who dies before his time will be as one in the grave.

34. What is the ruling Reason of these men, and about what sort of objects have they been in earnest, and from what motives do they lavish their love and their honour! View with the mind's eye their poor little souls in their nakedness. What immense conceit this of theirs, when they fancy that there is bane in their blame and profit in their praises!

35. Loss and change, they are but one. Therein doth the Universal Nature take pleasure, through whom are all things done now as they have been in like fashion from time everlasting; and to eternity shall other like things be. Why then dost thou say that all things have been evil and will remain evil to the end, and that no help has after all been found in Gods, so many as they be, to right these things, but that the fiat hath gone forth that the Universe should be bound in an unbroken chain of ill?

36. Seeds of decay in the underlying material of everything—water, dust, bones, reek! Again, marble but nodules of earth, and gold and silver but dross, garments merely hair-tufts, and purple only blood. And so with everything else. The soul too another like thing and liable to change from this to that.

37. Have done with this miserable way of life, this grumbling, this apism! Why fret? What is the novelty here? What amazes thee? The Cause? Look fairly at it. What then, the Material? Look fairly at that. Apart from these two, there is nothing. But in regard to the Gods also now even at the eleventh hour show thyself more simple, more worthy.

Whether thy experience of these things lasts three hundred years or three, it is all one.

38. If he did wrong, with him lies the evil. But maybe he did no wrong.

39. Either there is one intelligent source, from which as in one body all after things proceed and the part ought not to grumble at what is done in the interests of the whole or there are atoms, and nothing but a medley and a dispersion. Why then be harassed? Say to thy ruling Reason: Thou art dead! Thou art corrupt! Thou hast become a wild beast! Thou art a hypocrite! Thou art one of the herd! Thou battenest with them!

40. Either the Gods have no power or they have power. If they have no power, why pray to them? But if they have power, why not rather pray that they should give thee freedom from fear of any of these things and from lust for any of these things and from grief at any of these things [rather] than that they should grant this or refuse that. For obviously if they can assist men at all, they can assist them in this. But perhaps thou wilt say: The Gods have put this in my power. Then is it not better to use what is in thy power like a free man than to concern thyself with what is not in thy power like a slave and an abject? And who told thee that the Gods do not co-operate with us even in the things that are in our power? Begin at any rate with prayers for such things and thou wilt see. One prays: How may I lie with that woman! Thou: How may I not lust to lie with her! Another: How may I be quit of that man! Thou: How may I not wish to be quit of him! Another: How may I not lose my little child! Thou: How may I not dread to lose him. In a word, give thy prayers this turn, and see what comes of it.

41. Listen to Epicurus where he says: In my illness my talk was not of any bodily feelings, nor did I chatter about such things to those who came to see me, but I went on with my cardinal disquisitions on natural philosophy, dwelling especially on this point, how the mind, having perforce its share in such affections of the flesh, yet remains unperturbed, safeguarding its own proper good. Nor did I—he goes on—let the physicians ride the high horse as if they were doing grand things, but my life went on well and happily. Imitate him then in sickness, if thou art sick, and in any other emergency; for it is a commonplace of every sect not to renounce Philosophy whatever difficulties we encounter, nor to consent to babble as he does that is unenlightened in philosophy and nature; ···devote thyself to thy present work alone and thy instrument for performing it.

42. When thou art offended by shamelessness in any one, put this question at once to thyself: Can it be that shameless men should not exist in the world? It can not be. Then ask not for what can not be. For this man in question also is one of the shameless ones that must needs exist in the world. Have the same reflection ready for the rogue, the deceiver, or any other wrongdoer whatever. For the remembrance that this class of men cannot but exist will bring with it kindlier feelings towards individuals of the class. Right useful too is it to bethink thee at once of this: What virtue has Nature given man as a foil to the wrong-doing in question? For as an antidote against the unfeeling man she has given gentleness, and against another man some other resource.

In any case it is in thy power to teach the man that has gone astray the error of his ways. For every one that doth amiss misses his true mark and hath gone astray. But what harm hast thou suffered? Thou wilt find that not one of the persons against whom thou art exasperated has done anything capable of making thy mind worse; but it is in thy mind that the evil for thee and the harmful have their whole existence.

Where is the harm or the strangeness in the boor acting—like a boor? See whether thou art not thyself the more to blame in not expecting that he would act thus wrongly. For thy reason too could have given thee means for concluding that this would most likely be the case. Nevertheless all this is forgotten, and thou art surprised at his wrong-doing.

But above all, when thou findest fault with a man for faithlessness and ingratitude, turn thy thoughts to thyself. For evidently the fault is thine own, whether thou hadst faith that a man with such a character would keep faith with thee, or if in bestowing a kindness thou didst not bestow it absolutely and as from the very doing of it having at once received the full complete fruit.

For when thou hast done a kindness, what more wouldst thou have? Is not this enough that thou hast done something in accordance with thy nature? Seekest thou a recompense for it? As though the eye should claim a guerdon for seeing, or the feet for walking! For just as these latter were made for their special work, and by carrying this out according to their individual constitution they come fully into their own, so also man, formed as he is by nature for benefiting others, when he has acted as benefactor or as co-factor in any other way for the general weal, has done what he was constituted for, and has what is his.

Book X

1. Wilt thou then, O my Soul, ever at last be good and simple and single and naked, shewing thyself more visible than the body that overlies thee? Wilt thou ever taste the sweets of a loving and a tender heart? Ever be full-filled and self-sufficing, longing for nothing, lusting after nothing animate or inanimate, for the enjoyment of pleasures—not time wherein the longer to enjoy them, nor place or country or congenial climes or men nearer to thy liking—but contented with thy present state and delighted with thy present everything, convincing thyself withal that all that is present for thee is present from the Gods, and that everything is and shall be well with thee that is pleasing to them and that they shall hereafter grant for the conservation of that Perfect Being that is good and just and beautiful, the Begetter and Upholder of all things, that embraces and gathers them in, when they are dissolved, to generate therefrom other like things? Wilt thou ever at last fit thyself so to be a fellow-citizen with the Gods and with men as never to find fault with them or incur their condemnation?

2. Observe what thy nature asks of thee, as one controlled by Nature alone, then do this and with a good grace, if thy nature as a living creature is not to be made worse thereby. Next must thou observe what thy nature as a living creature asks of thee. And this must thou wholly accept, if thy nature as a rational living creature be not made worse thereby. Now the rational is indisputably also the civic. Comply with these rules then and be not needlessly busy about anything.

3. All that befalls either so befalls as thou art fitted by nature to bear it or as thou art not fitted. If the former, take it not amiss, but bear it as thou art fitted to do. If the latter, take not that amiss either, for when it has destroyed thee, it will itself perish. Howbeit be assured that thou art fitted by nature to bear everything which it rests with thine own opinion about it to render bearable and tolerable, according as thou thinkest it thy interest or thy duty to do so.

4. If a man makes a slip, enlighten him with loving-kindness, and shew him wherein he hath seen amiss. Failing that, blame thyself or not even thyself.

5. Whatever befalls thee was set in train for thee from

everlasting, and the interplication of causes was from eternity weaving into one fabric thy existence and the coincidence of this event.

6. Whether there be atoms or a Nature, let it be postulated first, that I am a part of the whole Universe controlled by Nature; secondly, that I stand in some intimate connexion with other kindred parts. For bearing this in mind, as I am a part, I shall not be displeased with anything allotted me from the Whole. For what is advantageous to the whole can in no wise be injurious to the part. For the Whole contains nothing that is not advantageous to itself; and all natures have this in common, but the Universal Nature is endowed with the additional attribute of never being forced by any external cause to engender anything hurtful to itself.

As long then as I remember that I am a part of such a whole, I shall be well pleased with all that happens; and in so far as I am in intimate connexion with the parts that are akin to myself, I shall be guilty of no unsocial act, but I shall devote my attention rather to the parts that are akin to myself, and direct every impulse of mine to the common interest and withhold it from the reverse of this. That being done, life must needs flow smoothly, as thou mayst see the life flow smoothly of a citizen who goes steadily on in a course of action beneficial to his fellow-citizens and cheerfully accepts whatever is assigned him by the State.

7. The parts of the Whole all that Nature has comprised in the Universe must inevitably perish, taking "perish" to mean "be changed".But if this process is by nature for them both evil and inevitable, the Whole could never do its work satisfactorily, its parts ever going as they do from change to change and being constituted to perish in diverse ways. Did Nature herself set her hand to bringing evil upon parts of herself and rendering them not only liable to fall into evil but of necessity fallen into it, or was she not aware that such was the case? Both alternatives are incredible.

But supposing that we even put Nature as an agent out of the question and explain that these things are "naturally" so, even then it would be absurd to assert that the parts of the whole are naturally subject to change, and at the same time to be astonished at a thing or take it amiss as though it befell contrary to nature, and that though things dissolve into the very constituents out of which they are composed. For either there is a scattering of the elements out of which I have been built up, or a transmutation of the solid into the earthy and of the spiritual into the aerial; so that these too are taken back into the Reason of the Universe, whether cycle by cycle it be consumed with fire or renew itself by everlasting permutations.

Aye and so then do not be under the impression that the solid and the spiritual date from the moment of birth. For it was but yesterday or the day before that all this took in its increment from the food eaten and the air breathed. It is then this, that it took in, which changes, not the product of thy mother's womb. But granted that thou art ever so closely bound up with that by thy individuality, this, I take it, has no bearing upon the present argument.

8. Assuming for thyself the appellations, a good man, a modest man, a truthteller, wise of heart, sympathetic of heart, great of heart, take heed thou be not new-named. And if thou shouldst forfeit these titles, e'en make haste to get back to them. And bear in mind that wise of heart was meant to signify for thee a discerning consideration of every object and a thoroughness of thought; sympathetic of heart, a willing acceptance of all that the Universal Nature allots thee; great of heart an uplifting of our mental part above the motions smooth or rough of the flesh, above the love of empty fame, the fear of death, and all other like things. Only keep thyself entitled to these appellations, not itching to receive them from others, and thou wilt be a new man and enter on a new life. For to be still such as thou hast been till now, and to submit to the rendings and defilements of such a life, is worthy of a man that shews beyond measure a dull senselessness and a clinging to life, and is on a level with the wild-beast fighters that are half-devoured in the arena, who, though a mass of wounds and gore, beg to be kept till the next day, only to be thrown again, torn as they are, to the same teeth and talons.

Take ship then on these few attributes, and if thou canst abide therein, so abide as one who has migrated to some Isles of the Blest. But if thou feelest thyself adrift, and canst not win thy way, betake thyself with a good heart to some nook where thou shalt prevail, or even depart altogether from life, not in wrath but in simplicity, independence, and modesty, having at least done this one thing well in life, that thou hast quitted it thus. Howbeit, to keep these attributes in mind it will assist thee greatly if thou bear the Gods in mind, and that it is not flattery they crave but for all rational things to be conformed to their likeness, and that man should do a man's work, as the fig tree does the work of a fig-tree, the dog of a dog, and the bee of a bee.

9. Stage-apery, warfare, cowardice, torpor, servility-these will day by day obliterate all those holy principles of thine which, as a student of Nature, thou dost conceive and accept. But thou must regard and do everything in such a way that at one and the same time the present task may be carried through, and full play given to the faculty of pure thought, and that the self-confidence engendered by a knowledge of each individual thing be kept intact, unobtruded yet unconcealed.

When wilt thou find thy delight in simplicity? When in dignity? When in the knowledge of each separate thing, what it is in its essence, what place it fills in the Universe, how long it is formed by Nature to subsist, what are its component parts, to whom it can pertain, and who can bestow and take it away?

10. A spider prides itself on capturing a fly; one man on catching a hare, another on netting a sprat, another on taking wild boars, another bears, another Sarmatians. Are not these brigands, if thou test their principles?

11. Make thy own a scientific system of enquiry into the mutual change of all things, and pay diligent heed to this branch of study and exercise thyself in it. For nothing is so conducive to greatness of mind. Let a man do this and he divests himself of his body and, realizing that he must almost at once relinquish all these things and depart from among men, he gives himself up wholly to just dealing in all his actions, and to the Universal Nature in all that befalls him. What others may say or think about him or do against him he does not even let enter his mind, being well satisfied with these two things—justice in all present acts and contentment with his present lot. And he gives up all engrossing cares and ambitions, and has no other wish, than to achieve the straight course through the Law and, by achieving it, to be a follower of God.

12. What need of surmise when it lies with thee to decide what should be done, and if thou canst see thy course, to take it with a good grace and not turn aside; but if thou canst not see it, to hold back and take counsel of the best counsellors; and if any other obstacles arise therein, to go forward as thy present means shall allow with careful deliberation holding to what is clearly just? For to succeed in this is the best thing of all, since in fact to fail in this would be the only failure.

Leisurely without being lethargic and cheerful as well as composed shall he be who follows Reason in everything.

13. Ask thyself as soon as thou art roused from sleep: Will it make any difference to me if another does what is just and light? It will make none. Hast them forgotten that those who play the wanton in their praise and blame of others, are such as they are in their beds, at their board; and what are the things that they do, the things that they avoid or pursue, and how they pilfer and plunder, not with hands and feet but with the most precious part of them, whereby a man calls into being at will faith, modesty, truth, law, and a good "genius"?

14. Says the well-schooled and humble heart to Nature that gives and takes back all we have; Give what thou wilt, take back what thou wilt. But he says it without any bravado of fortitude, in simple obedience and good will to her.

15. Thou has but a short time left to live. Live as on a mountain; for whether it be here or there, matters not provided that, wherever a man live, he live as a citizen of the World-City. Let men look upon thee, cite thee, as a man in very deed that lives according to Nature. If they cannot bear with thee, let them slay thee. For it was better so than to live their life.

16. Put an end once for all to this discussion of what a good man should be, and be one.

17. Continually picture to thyself Time as a whole, and Substance as a whole, and every individual thing, in respect of substance, as but a fig-seed and, in respect to time, as but a twist of the drill.

18. Regarding attentively every existing thing reflect that it is already disintegrating and changing, and as it were in a state of decomposition and dispersion, or that everything is by nature made but to die.

19. What are they like when eating, sleeping, coupling, evacuating, and the rest! What again when lording it over others, when puffed up with pride, when filled with resentment or rebuking others from a loftier plane! Yet but a moment ago they were lackeying how many and for what ends, and anon will be at their old trade.

20. What the Universal Nature brings to every thing is for the benefit of that thing, and for its benefit then when she brings it.

21. The earth is in love with showers and the majestic sky is in love. And the Universe is in love with making whatever has to be. To the Universe I say: Together with thee I will be in love. Is it not a way we have of speaking, to say, This or that loves to be so?

22. Either thy life is here and thou art inured to it; or thou goest elsewhere and this with thine own will; or thou diest and hast served out thy service .There is no other alternative. Take heart then.

23. Never lose sight of the fact that a man's freehold is such as I told thee, and how all the conditions are the same here as on the top of a mountain or on the seashore or wherever thou pleasest. Quite apposite shalt thou find to be the words of Plato: Compassed about (by the city wall as) by a sheep-fold on the mountain, and milking flocks.

24. What is my ruling Reason and what am I making of it now? To what use do I now put it? Is it devoid of intelligence? Is it divorced and severed from neighbourliness? Does it so coalesce and blend with the flesh as to be swayed by it?

25. He that flies from his master is a runaway. But the Law is our master, and he that transgresses the Law is a runaway. Now he also, that is moved by grief or wrath or fear, is fain that something should not have happened or be happening or happen in the future of what has been ordained by that which controls the whole Universe, that is by the Law laying down all that falls to a man's lot. He then is a runaway who is moved by fear, grief, or wrath.

26. A man passes seed into a womb and goes his way, and anon another cause takes it in hand and works upon it and perfects a babe—what a consummation from what a beginning! Again he passes food down the throat, and anon another cause taking up the work creates sensation and impulse and in fine, life and strength and other things how many and how mysterious! Muse then on these things that are done in such secrecy, and detect the efficient force, just as we detect the descensive and the ascensive none the less clearly that it is not with our eyes.

27. Bear in mind continually how all such things as now exist existed also before our day and, be assured, will exist after us. Set before thine eyes whole dramas and their settings, one like another, all that thine own experience has shewn thee or thou hast learned from past history, for instance the entire court of Hadrianus, the entire court of Antoninus, the entire court of Philip, of Alexander, of Croesus. For all those scenes were such as we see now, only the performers being different.

28. Picture to thyself every one that is grieved at any occurrence whatever or dissatisfied, as being like the pig which struggles and screams when sacrificed; like it too him who, alone upon his bed, bewails in silence the fetters of our fate; and that to the rational creature alone has it been granted to submit willingly to what happens, mere submission being imperative on all.

29. In every act of thine pause at each step and ask thyself: Is death to be dreaded for the loss of this?

30. Does another's wrong-doing shock thee? Turn incontinently to thyself and bethink thee what analogous wrong-doing there is of thine own, such as deeming money to be a good or pleasure or a little cheap fame and the like. For by marking this thou wilt quickly forget thy wrath, with this reflection too to aid thee, that a man is under constraint; for what should he do? Or, if thou art able, remove the constraint.

31. Let a glance at Satyron call up the image of Socraticus or Eutyches or Hymen, and a glance at Euphrates the image of Eutychion or Silvanus, and a glance at Alciphron Tropaeophorus, and at Severus Xenophon or Crito. Let a glance at thyself bring to mind one of the Caesars, and so by analogy in every case. Then let the thought strike thee: Where are they now? Nowhere, or none can say where. For thus shalt thou habitually look upon human things as mere smoke and as naught; and more than ever so, if thou bethink thee that what has once changed will exist no more throughout eternity. Why strive then and strain? Why not be content to pass this thy short span of life in becoming fashion?

What material, what a field for thy work dost thou forgo! For what are all these things but objects for the exercise of a reason that hath surveyed with accuracy and due inquiry into its nature the whole sphere of life? Continue then until thou hast assimilated these truths also to thyself, as the vigorous digestion assimilates every food, or the blazing fire converts into warmth and radiance whatever is cast into it.

32. Give no one the right to say of thee with truth that thou art not a sincere, that thou art not a good man, but let anyone that shall form any such an idea of thee be as one that maketh a lie. All this rests with thee. For who is there to hinder thee from being good and sincere? Resolve then to live no longer if thou be not such. For neither doth Reason in that case insist that thou shouldest.

33. Taking our material into account, what can be said or done in the soundest way? Be it what it may, it rests with thee to do or say it. And let us have no pretence that thou art being hindered.

Never shalt thou cease murmuring until it be so with thee that the utilizing, in a manner consistent with the constitution of man, of the material presented to thee and cast in thy way shall be to thee what indulgence is to the sensual. For everything must be accounted enjoyment that it is in a man's power to put into practice in accordance with his own nature; and it is everywhere in his power.

A cylinder we know has no power given it of individual motion everywhere, nor has fire or water or any other thing controlled by Nature or by an irrational soul. For the interposing and impeding obstacles are many. But Intelligence and Reason make their way through every impediment just as their nature or their will prompts them. Setting before thine eyes this ease wherewith the Reason can force its way through every obstacle, as fire upwards, as a stone downwards, as a cylinder down a slope, look for nothing beyond. For other hindrances either concern that veritable corpse, the body, or, apart from imagination and the surrender of Reason herself, cannot crush us or work any harm at all. Else indeed would their victim at once become bad.

In fact in the case of all other organisms, if any evil happen to any of them, the victim itself becomes the worse for it. But a man so circumstanced becomes, if I may so say, better and more praiseworthy by putting such contingencies to a right use. In fine, remember that nothing that harms not the city can harm him whom Nature has made a citizen; nor yet does that harm a city which harms not law. But not one of the so-called mischances harms law. What does not harm law, then, does no harm to citizen or city.

34. Even an obvious and quite brief aphorism can serve to warn him that is bitten with the true doctrines against giving way to grief and fear; as for instance,

Such are the races of men as the leaves that the wind scatters earthwards.

And thy children too are little leaves. Leaves also they who make an outcry as if they ought to be listened to, and scatter their praises or, contrariwise, their curses, or blame and scoff in secret. Leaves too they that are to hand down our after-fame. For all these things

Burgeon again with the season of spring;

anon the wind hath cast them down, and the forest puts forth others in their stead. Transitoriness is the common lot of all things, yet there is none of these that thou huntest not after or shunnest, as though it were everlasting. A little while and thou shalt close thine eyes; aye, and for him that bore thee to the grave shall another presently raise the dirge.

35. The sound eye should see all there is to be seen, but should not say: I want what is green only. For that is characteristic of a disordered eye. And the sound hearing and smell should be equipped for all that is to be heard or smelled. And the sound digestion should act towards all nutriment as a mill towards the grist which it was formed to grind. So should the sound mind be ready for all that befalls. But the mind that says: Let my children be safe! Let all applaud my every act! is but as an eye that looks for green things or as teeth that look for soft things.

36. There is no one so fortunate as not to have one or two standing by his deathbed who will welcome the evil which is befalling him. Say he was a worthy man and a wise; will there not be some one at the very end to say in his heart, We can breathe again at last, freed from this schoolmaster not that he was hard on any of us, but I was all, along conscious that he tacitly condemns us? So much for the worthy, but in our own case how many other reasons can be found for which hundreds would be only too glad to be quit of us! Think then upon this when dying, and thy passing from life will be easier if thou reason thus: I am leaving a life in which even my intimates for whom I have so greatly toiled, prayed, and thought, aye even they wish me gone, expecting belike to gain thereby some further ease. Why then should anyone cling to a longer sojourn here?

Howbeit go away with no less kindliness towards them on this account, but maintaining thy true; characteristics be friendly and goodnatured and gracious; nor again as though wrenched apart, but rather should thy withdrawal from them be as that gentle slipping away of soul from body which we see when a man makes a peaceful end. For it was Nature that knit and kneaded thee with them, and now she parts the tie. I am parted from kinsfolk, not dragged forcibly away, but unresistingly. For this severance too is a process of Nature.

37. In every act of another habituate thyself as far as may be to put to thyself the question: What end has the man in view? But begin with thyself, cross-examine thyself first.

38. Bear in mind that what pulls the strings is that Hidden

Thing within us: that makes our speech, that our life, that, one may say, makes the man. Never in thy mental picture of it include the vessel that overlies it nor these organs that are appurtenances thereof. They are like the workman's adze, only differing from it in being naturally attached to the body. Since indeed, severed from the Cause that bids them move and bids them stay, these parts are as useless as is the shuttle of the weaver, the pen of the writer, and the whip of the charioteer.

Book XI

1. The properties of the Rational Soul are these: it sees itself, dissects itself, moulds itself to its own will, itself reaps its own fruits—whereas the fruits of the vegetable kingdom and the corresponding produce of animals are reaped by others, —it wins to its own goal wherever the bounds of life be set. In dancing and acting and such-like arts, if any break occurs, the whole action is rendered imperfect; but the rational soul in every part and wheresoever taken shews the work set before it fulfilled andall-sufficient for itself, so that it can say: I have to the full what is my own.

More than this, it goeth about the whole Universe and

the void surrounding it and traces its plan, and stretches forth into the infinitude of Time, and comprehends the cyclical Regeneration of all things, and takes stock of it, and discerns that our children will see nothing fresh, just as our fathers too never saw anything more than we. So that in a manner the man of forty years, if he have a grain of sense, in view of this sameness has seen all that has been and shall be. Again a property of the Rational Soul is the love of our neighbour, and truthfulness, and modesty, and to prize nothing above itself—a characteristic also of Law. In this way then the Reason that is right reason and the Reason that is justice are one.

2. Thou wilt think but meanly of charming songs and dances and the pancratium, if thou analyze the melodious utterance into its several notes and in the case of each ask thyself: Has this the mastery over me? For thou wilt recoil from such a confession. So too with the dance, if thou do the like for each movement and posture. The same holds good of the pancratium. In fine, virtue and its sphere of action excepted, remember to turn to the component parts, and by analyzing them come to despise them. Bring the same practice to bear on the whole of life also.

3. What a soul is that which is ready to be released from the body at any requisite moment, and be quenched or dissipated or hold together! But the readiness must spring from a man's inner judgment, and not be the result of mere opposition [as is the case with the Christians]. It must be associated with deliberation and dignity and, if others too are to be convinced, with nothing like stage-heroics.

4. Have I done some social act? Well, I am amply rewarded.

Keep this truth ever ready to turn to, and in no wise slacken thine efforts.

5. What is thy vocation? To be a good man. But how be successful in this save by assured conceptions on the one hand of the Universal Nature and on the other of the special constitution of man?

6. Originally tragedies were brought on to remind us of real events, and that such things naturally occur, and that on life's greater stage you must not be vexed at things, which on the stage you find so attractive. For it is seen that these things must be gone through, and they too have to endure them, who cry Ah, Kithaeron! Aye, and the dramatic writers contain some serviceable sayings. For example this more especially:

Though both my sons and me the gods hare spurned,

For this too there is reason;

and again:

It nought availeth to be wroth with things;

and this:

Our lives are reaped like the ripe ears of corn;

and how many more like them.

And after Tragedy the old Comedy was put on the stage, exercising an educative freedom of speech, and by its very directness of utterance giving us no unserviceable warning against unbridled arrogance. In somewhat similar vein Diogenes also took up this role. After this, consider for what purpose the Middle Comedy was introduced, and subsequently the New, which little by little degenerated into ingenious mimicry. For that some serviceable things are said even by the writers of these is recognized by all. But what end in view had this whole enterprise of such poetical and dramatic composition?

7. How clearly is it borne in on thee that there is no other state of life so fitted to call for the exercise of Philosophy as this in which thou now findest thyself.

8. A branch cut off from its neighbour branch cannot but be cut off from the whole plant. In the very same way a man severed from one man has fallen away from the fellowship of all men. Now a branch is cut off by others, but a man separates himself from his neighbour by his own agency in hating him or turning his back upon him; and is unaware that he has thereby sundered himself from the whole civic community. But mark the gift of Zeus who established the law of fellowship. For it is in our power to grow again to the neighbour branch, and again become perfective of the whole. But such a schism constantly repeated makes it difficult for the seceding part to unite a gain and resume its former condition. And in general the branch that from the first has shared in the growth of the tree and lived with its life is not like that which has been cut off and afterwards grafted on to it, as the gardeners are apt to tell you. Be of one bush, but not of one mind.

9. As those who withstand thy progress along the path of right reason will never be able to turn thee aside from sound action, so let them not wrest thee from a kindly attitude towards them; but keep a watch over thyself in both directions alike, not only in steadfastness of judgment and action but also in gentleness towards those who endeavour to stand in thy path or be in some other way a thorn in thy side. For in fact it is a sign of weakness to be wroth with them, no less than to shrink from action and be terrified into surrender. For they that do the one or the other are alike deserters of their post, the one as a coward, the other as estranged from a natural kinsman and friend.

10. Nature in no case cometh short of art. For indeed the arts are copiers of various natures. If this be so, the most consummate and comprehensive Nature of all cannot be outdone by the inventive skill of art. And in every art the lower things are done for the sake of the higher; and this must hold good of the Universal Nature also. Aye and thence is the origin of Justice, and in justice all the other virtues have their root, since justice will not be maintained if we either put a value on things indifferent, or are easily duped and prone to slip and prone to change.

11. If therefore the things, the following after and eschewing of which disturb thee, come not to thee, but thou in a manner dost thyself seek them out, at all events keep thy judgment at rest about them and they will remain quiescent, and thou shalt not be seen following after or eschewing them.

12. The soul is "a sphere truly shaped", when it neither projects itself towards anything outside nor shrinks together inwardly, neither expands nor contracts, but irradiates a light whereby it sees the reality of all things and the reality that is in itself.

13. What if a man think scorn of me? That will be his affair. But it will be mine not to be found doing or saying anything worthy of scorn. But what if he hate me? That will be his affair.

But I will be kindly and good-natured to everyone, and ready to shew even my enemy where he has seen amiss, not by way of rebuke nor with a parade of forbearance, but genuinely and chivalrously like the famous Phocion, unless indeed he was speaking ironically. For such should be the inner springs of a man's heart that the Gods see him not wrathfully disposed at any thing or counting it a hardship. What evil can happen to thee if thou thyself now doest what is congenial to thy nature, and welcomest what the Universal Nature now deems well-timed, thou who art a man intensely eager that what is for the common interest should by one means or another be brought about?

14. Thinking scorn of one another, they yet fawn on one another, and eager to outdo their rivals they grovel one to another.

15. How rotten at the core is he, how counterfeit, who proclaims aloud: I have elected to deal straight forwardly with thee! Man, what art thou at? There is no need to give this out. The fact will instantly declare itself. It ought to be written on the forehead. There is a ring in the voice that betrays it at once, it flashes out at once from the eyes, just as the loved one can read at a glance every secret in his lover's looks. The simple and good man should in fact be like a man who has a strong smell about him, so that, as soon as ever he comes near, his neighbour is, will-he nill-he, aware of it. A calculated simplicity is a stiletto. There is nothing more hateful than the friendship of the wolf for the lamb. Eschew that above all things. The good man, the kindly, the genuine, betrays these characteristics in his eyes and there is no hiding it.

16. Vested in the soul is the power of living ever the noblest of lives, let a man but be indifferent towards things indifferent. And he will be indifferent, if he examine every one of these things both in its component parts and as a whole, and bear in mind that none of them is the cause in us of any opinion about itself, nor obtrudes itself on us. They remain quiescent, and it is we who father these judgments about them and as it were inscribe them on our minds, though it lies with us not to inscribe them and, if they chance to steal in undetected, to erase them at once. Bear in mind too that we shall have but a little while to attend to such things and presently life will be at an end. But why complain of the perversity of things? If they are as Nature wills, delight in them and let them be no hardship to thee. If they contravene Nature, seek then what is in accord with thy nature and speed towards that, even though it be unpopular. For it is pardonable for every man to seek his own good.

17. Think whence each thing has come, of what it is built up, into what it changes, what it will be when changed; and that it cannot take any harm.

18. Firstly:Consider thy relation to mankind and that we came into the world for the sake of one another; and taking another point of view, that I have come into it to be set over men, as a ram over a flock or a bull over a herd. Start at the beginning from this premiss: If not atoms, then an all-controlling Nature. If the latter, then the lower are for the sake of the higher and the higher for one another.

Secondly: What sort of men they are at board and in bed and elsewhere. Above all how they are the self-made slaves of their principles, and how they pride themselves on the very acts in question.

Thirdly: That if they are acting rightly in this, there is no call for us to be angry. If not rightly, it is obviously against their will and through ignorance.For it is against his will that every soul is deprived, as of truth, so too of the power of dealing with each man as is his due. At any rate, such men resent being called unjust, unfeeling, avaricious, and in a word doers of wrong to their neighbours.

Fourthly: That thou too doest many a wrong thing thyself and art much as others are, and if thou dost refrain from certain wrong-doings, yet hast thou a disposition inclinable thereto even supposing that through cowardice or a regard for thy good name or some such base consideration thou dost not actually commit them.

Fifthly: That thou hast not even proved that they are doing wrong, for many things are done even by way of policy. Speaking generally a man must know many things before he can pronounce an adequate opinion on the acts of another.

Sixthly: When thou art above measure angry or even out of patience, bethink thee that man's life is momentary, and in a little while we shall all have been laid out.

Seventhly: That in reality it is not the acts men do that vex us—for they belong to the domain of their ruling Reason—but the opinions we form of those acts. Eradicate these, be ready to discard thy conclusion that the act in question is a calamity, and thine anger is at an end. How then eradicate these opinions? By realizing that no act of another debases us. For unless that alone which debases is an evil, thou too must perforce do many a wrong thing and become a brigand or any sort of man.

Eighthly: Bethink thee how much more grievous are the

consequences of our anger and vexation at such actions than are the acts themselves which arouse that anger and vexation.

Ninthly: That kindness is irresistible, be it but sincere and no mock smile or a mask assumed. For what can the most unconscionable of men do to thee, if thou persist in being kindly to him, and when a chance is given exhort him mildly and, at the very time when he is trying to do thee harm, quietly teach him a better way thus: Nay, my child, we have been made for other things. I shall be in no wise harmed, but thou art harming thyself? My child. Shew him delicately and without any personal reference that this is so, and that even honey-bees do not act thus nor any creatures of gregarious instincts. But thou must do this not in irony or by way of rebuke, but with kindly affection and without any bitterness at heart, not as from a master's chair, nor yet to impress the bystanders, but as if he were indeed alone even though others are present.

Bethink thee then of these nine heads, taking them as a gift from the Muses, and begin at last to be a man while life is thine. But beware of flattering men no less than being angry with them. For both these are non-social and conducive of harm. In temptations to anger a precept ready to thy hand is this: to be wroth is not manly, but a mild and gentle disposition, as it is more human, so it is more masculine. Such a man, and not he who gives way to anger and discontent, is endowed with strength and sinews and manly courage. For the nearer such a mind attains to a passive calm, the nearer is the man to strength. As grief is a weakness, so also is anger. In both it is a case of a wound and a surrender.

But take if thou wilt as a tenth gift from Apollo, the Leader of the Muses, this, that to expect the bad not to do wrong is worthy of a madman; for that is to wish for impossibilities. But to acquiesce in their wronging others, while expecting them to refrain from wronging thee, is unfeeling and despotic.

19. Against four perversions of the ruling Reason thou shouldest above all keep unceasing watch, and, once detected, wholly abjure them, saying in each case to thyself: This thought in not necessary; this is destructive of human fellowship; this could be no genuine utterance from the heart.—And not to speak from the heart, what is it but a contradiction in terms?—The fourth case is that of selfreproach, for that is an admission that the divine part of thee has been worsted by and acknowledges its inferiority to the body, the baser and mortal partner, and to its gross notions.

20. Thy soul and all the fiery part that is blended with thee, though by Nature ascensive, yet in submission to the system of the Universe are held fast here in thy compound personality. And the entire earthy part too in thee and the humid, although naturally descensive, are yet upraised and take up a station not their natural one. Thus indeed, we find the elements also in subjection to the Whole and, when set anywhere, remaining there under constraint until the signal sound for their release again therefrom.

Is it not then a paradox that the intelligent part alone of thee should be rebellious and quarrel with its station? Yet is no constraint laid upon it but only so much as is in accordance with its nature. Howbeit it does not comply and takes a contrary course. For every motion towards acts of injustice and licentiousness, towards anger and grief and fear, but be tokens one who cuts himself adrift from Nature. Aye and when the ruling Reason in a man is vexed at any thing that befalls, at that very moment it deserts its station. For it was not made for justice alone, but also for piety and the service of God. And in fact the latter are included under the idea of a true fellowship, and indeed are prior to the practice of justice.

21. He who has not ever in view one and the same goal of life cannot be throughout his life one and the same. Nor does that which is stated suffice, there needs to be added what that goal should be. For just as opinion as to all the things that in one way or another are held by the mass of men to be good is not uniform, but only as to certain things, such, that is, as affect the common weal, so must we set before ourselves as our goal the common and civic weal. For he who directs all his individual impulses towards this goal will render his actions homogeneous and thereby be ever consistent with himself.

22. Do not forget the story of the town mouse and the country mouse, and the excitement and trepidation of the latter.

23. Socrates used to nickname the opinions of the multitude Ghouls, bogies to terrify children.

24. The Spartans at their spectacles assigned to strangers seats in the shade, but themselves took their chance of seats anywhere.

25. Socrates refused the invitation of Perdiccas to his court, That I come not, said he, to a dishonoured grave, meaning, that I be not treated with generosity and have no power to return it.

26. In the writings of the Ephesians was laid down the advice to have constantly in remembrance some one of the ancients who lived virtuously.

27. Look, said the Pythagoreans, at the sky in the morning, that we may have in remembrance those hosts of heaven that ever follow the same course and accomplish their work in the same way, and their orderly system, and their purity, and their nakedness; for there is no veil before a star.

28. Think of Socrates with the sheepskin wrapped round him, when Xanthippe had gone off with his coat, and what he said to his friends when they drew back in their embarrassment at seeing him thus accoutred.

29. In reading and writing thou must learn first to follow instruction before thou canst give it. Much more is this true of life.

30. 'Tis not for thee, a slave, to reason why.

31. ···and within me my heart laughed.

32. Virtue they will upbraid and speak harsh words in her hearing.

33. Only a madman will look for figs in winter. No better is he who looks for a child when he may no longer have one.

34. A man while fondly kissing his child, says Epictetus, should whisper in his heart "To-morrow peradventure thou wilt die". Ill-omened words these! Nay, said he, nothing is ill-omened that signifies a natural process. Or it is ill-omened also to talk of ears of corn being reaped.

35. The grape unripe, mellow, dried in every stage we have a change, not into non-existence, but into the not now existent.

36. Hear Epictetus: no one can rob us of our free choice.

37. We must, says he, hit upon the true science of assent and in the sphere of our impulses pay good heed that they be subject to proper reservations, that they have in view our neighbour's welfare; that they are proportionate to worth. And we must abstain wholly from inordinate desire and shew avoidance in none of the things that are not in our control.

38. It is no casual matter, then, said he, that is at stake, but whether we are to be sane or no.

39. Socrates was wont to say: What would ye have? The souls of reasoning or unreasoning creatures? Of reasoning creatures. Of what kind of reasoning creatures? Sound or vicious? Sound. Why then not make a shift to get them? Because we have them already. Why then fight and wrangle?

Book XII

1. All those things, which thou prayest to attain by a roundabout way, thou canst have at once if thou deny them not to thyself; that is to say, if thou leave all the Past to itself and entrust the Future to Providence, and but direct the Present in the way of piety and justice: piety, that thou mayest love thy lot, for Nature brought it to thee and thee to it; justice, that thou mayest speak the truth freely and without finesse, and have an eye to law and the due worth of things in all that thou doest; and let nothing stand in thy way, not the wickedness of others, nor thine own opinion, nor what men say, nor even the sensations of the flesh that has grown around thee; for the part affected will see to that.

If then, when the time of thy departure is near, abandoning all else thou prize thy ruling Reason alone and that which in thee is divine, and dread the thought, not that thou must one day cease to live, but that thou shouldst never yet have begun to live according to Nature, then shalt thou be a man worthy of the Universe that begot thee, and no longer an alien in thy fatherland, no longer shalt thou marvel at what happens every day as if it were unforeseen, and be dependent on this or that.

2. God sees the Ruling Parts of all men stripped of material vessels and husks and sloughs. For only with the Intellectual Part of Himself is He in touch with those emanations only which have welled forth and been drawn off from Himself into them. But if thou also wilt accustom thyself to do this, thou wilt free thyself from the most of thy distracting care. For he that hath no eye for the flesh that envelopes him will not, I trow, waste his time with taking thought for raiment and lodging and popularity and such accessories and frippery.

3. Thou art formed of three things in combination—body, vital breath, intelligence. Of these the first two are indeed thine, in so far as thou must have them in thy keeping, but the third alone is in any true sense thine. Wherefore, if thou cut off from thyself, that is from thy mind, all that others do or say and all that thyself hast done or said, and all that harasses thee in the future, or whatever thou art involved in independently of thy will by the body which envelopes thee and the breath that is twinned with it, and whatever the circumambient rotation outside of thee sweeps along, so that thine intellectual faculty, delivered from the contingencies of destiny, may live pure and undetached by itself, doing what is just, desiring what befalls it, speaking the truth—if, I say, thou strip from this ruling Reason all that cleaves to it from the bodily influences and the things that lie beyond in time and the things that are past, and if thou fashion thyself like the Empedoclean

Sphere with its circle true in its poise well-rounded rejoicing, and school thyself to live that life only which is thine, namely the present, so shalt thou be able to pass through the remnant of thy days calmly, kindly, and at peace with thine own genius.

4. Often have I marvelled how each one of us loves himself above all men, yet sets less store by his own opinion of himself than by that of everyone else. At any rate, if a God or some wise teacher should come to a man and charge him to admit no thought or design into his mind that he could not utter aloud as soon as conceived, he could not endure this ordinance for a single day. So it is clear that we pay more deference to the opinion our neighbours will have of us than to our own.

5. How can the Gods, after disposing all things well and with good will towards men, ever have overlooked this one thing, that some of mankind, and they especially good men, who have had as it were the closest commerce with the Divine, and by devout conduct and acts of worship have been in the most intimate fellowship with it, should when once dead have no second existence but be wholly extinguished? But if indeed this be haply so, doubt not that they would have ordained it otherwise, had it needed to be otherwise. For had it been just, it would also have been feasible, and had it been in conformity with Nature, Nature would have brought it about. Therefore from its not being so, if indeed it is not so, be assured that it ought not to have been so. For even thyself canst see that in this presumptuous enquiry of thine thou art reasoning with God. But we should not thus be arguing with the Gods were they not infinitely good and just. But in that case they could not have overlooked anything being wrongly and irrationally neglected in their thorough Ordering of the Universe.

6. Practise that also wherein thou hast no expectation of success. For even the left hand, which for every other function is inefficient by reason of a want of practice, has yet a firmer grip of the bridle than the right. For it has had practice in this.

7. Reflect on the condition of body and soul befitting a man when overtaken by death, on the shortness of life, on the yawning gulf of the past and of the time to come, on the impotence of all matter.

8. Look at the principles of causation stripped of their husks; at the objective of actions; at what pain is, what pleasure, what death, what fame. See who is to blame for a man's inner unrest; how no one can be thwarted by another; that nothing is but what thinking makes it.

9. In our use of principles of conduct we should imitate the pancratiast not the gladiator. For the latter lays aside the blade which he uses, and takes it up again, but the other always has his hand and needs only to clench it.

10. See things as they really are, analyzing them into Matter, Cause, Objective.

11. What a capacity Man has to do only what God shall approve and to welcome all that God assigns him!

12. Find no fault with Gods for what is the course of Nature, for they do no wrong voluntarily or involuntarily; nor with men, for they do none save involuntarily. Find fault then with none.

13. How ludicrous is he and out of place who marvels at anything that happens in life.

14. There must be either a predestined Necessity and inviolable plan, or a gracious Providence, or a chaos without design or director. If then there be an inevitable Necessity, why kick against the pricks? If a Providence that is ready to be gracious, render thyself worthy of divine succour. But if a chaos without guide, congratulate thyself that amid such a surging sea thou hast in thyself a guiding Reason. And if the surge sweep thee away, let it sweep away the poor Flesh and Breath with their appurtenances: for the Intelligence it shall never sweep away.

15. What! shall the truth that is in thee and the justice and the temperance be extinguished ere thou art, whereas the light of a lamp shines forth and keeps its radiance until the flame be quenched?

16. Another has given thee cause to think that he has done wrong: But how do I know that it is a wrong? And even if he be guilty, suppose that his own heart has condemned him, and so he is as one who wounds his own face?

Note that he who would not have the wicked do wrong is as one who would not have the fig-tree secrete acrid juice in its fruit, would not have babies cry, or the horse neigh, or have any other things be that must be. Why, what else can be expected from such a disposition? If then it chafes thee, cure the disposition.

17. If not meet, do it not: if not true, say it not. For let thine impulse be in thy own power.

18. Ever look to the whole of a thing, what exactly that is which produces the impression on thee, and unfold it, analyzing it into its causes, its matter, its objective, and into its life-span within which it must needs cease to be.

19. Become conscious at last that thou hast in thyself something better and more god-like than that which causes the bodily passions and turns thee into a mere marionette. What is my mind now occupied with? Fear? Suspicion? Concupiscence? Some other like thing?

20. Firstly, eschew action that is aimless and has no objective. Secondly, take as the only goal of conduct what is to the common interest.

21. Bethink thee that thou wilt very soon be no one and nowhere, and so with all that thou now seest and all who are now living. For by Nature's law all things must change, be transformed, and perish, that other things may in their turn come into being.

22. Remember that all is but as thy opinion of it, and that is in thy power. Efface thy opinion then, as thou mayest do at will, and lo, a great calm! Like a mariner that has turned the headland thou findest all at set-fair and a halcyon sea.

23. Any single form of activity, be it what it may, ceasing in its own due season, suffers no ill because it hath ceased, nor does the agent suffer in that it hath ceased to act. Similarly then if life, that sum total of all our acts, cease in its own good time, it suffers no ill from this very fact, nor is he in an ill plight who has brought this chain of acts to an end in its own due time. The due season and the terminus are fixed by Nature, at times even by our individual nature, as when in old age, but in any case by the Universal Nature, the constant change of whose parts keeps the whole Universe ever youthful and in its prime. All that is advantageous to the Whole is ever fair and in its bloom. The ending of life then is not only no evil to the individual—for it brings him no disgrace, if in fact it be both outside our choice and not inimical to the general weal—but a good, since it is timely for the Universe, bears its share in it and is borne along with it. For then is he, who is borne along on the same path as God, and borne in his judgment towards the same things, indeed a man god-borne.

24. Thou must have these three rules ready for use. Firstly, not to do anything, that thou doest, aimlessly, or otherwise than as Justice herself would have acted; and to realize that all that befalls thee from without is due either to Chance or to Providence, nor hast thou any call to blame Chance or to impeach Providence. Secondly this: to think what each creature is from conception till it receives a living soul, and from its reception of a living soul till its giving back of the same, and out of what it is built up and into what it is dissolved. Thirdly, that if carried suddenly into mid-heaven thou shouldest look down upon human affairs and their infinite diversity, thou wilt indeed despise them, seeing at the same time in one view how great is the host that peoples the air and the aether around thee; and that, however often thou wert lifted up on high, thou wouldst see the same sights, everything identical in kind, everything fleeting. Besides, the vanity of it all!

25. Overboard with opinion and thou art safe ashore. And who is there prevents thee from throwing it overboard?

26. In taking umbrage at anything, thou forgettest this, that everything happens in accordance with the Universal Nature; and this, that the wrong-doing is another's; and this furthermore that all that happens, always did happen, and will happen so, and is at this moment happening everywhere. And thou forgettest how strong is the kinship between man and mankind, for it is a community not of corpuscles, of seed or blood, but of intelligence. And thou forgettest this too, that each man' s intelligence is God and has emanated from Him; and this, that nothing is a man's very own, but that his babe, his body, his very soul came forth from Him; and this, that everything is but opinion; and this, that it is only the present moment that a man lives and the present moment only that he loses.

27. Let thy mind dwell continually on those who have shewn unmeasured resentment at things, who have been conspicuous above others for honours or disasters or enmities or any sort of special lot. Then consider, Where is all that now? Smoke and dust and a legend or not a legend even. Take any instance of the kind—Fabius Catullinus in the country, Lusius Lupus in his gardens, Stertinius at Baiae, Tiberius in Capreae, and Velius Rufus—in fact a craze for any thing whatever arrogantly indulged.

How worthless is everything so in ordinately desired! How much more worthy of a philosopher is it for a man without any artifice to shew himself in the sphere assigned to him just, temperate, and a follower of the Gods. For the conceit that is conceited of its freedom from conceit is the most insufferable of all.

28. If any ask, Where hast thou seen the Gods or how hast thou satisfied thyself of their existence that thou art so devout a worshipper? I answer: In the first place, they are even visible to the eyes. In the next, I have not seen my own soul either, yet I honour it. So then from the continual proofs of their power I am assured that Gods also exist and I reverence them.

29. Salvation in life depends on our seeing everything in its entirety and its reality, in its Matter and its Cause: on our doing what is just and speaking what is true with all our soul. What remains but to get delight of life by dovetailing one good act on to another so as not to leave the smallest gap between?

30. There is one Light of the Sun, even though its continuity be broken by walls, mountains, and countless other things. There is one common Substance, even though it be broken up into countless bodies individually characterized. There is one Soul, though it be broken up among countless natures and by individual limitations. There is one Intelligent Soul, though it seem to be divided. Of the things mentioned, however, all the other parts, such as Breath, are the material Substratum of things, devoid of sensation and the ties of mutual affinity yet even they are knit together by the faculty of intelligence and the gravitation which draws them together. But the mind is peculiarly impelled towards what is akin to it, and coalesces with it, and there is no break in the feeling of social fellowship.

31. What dost thou ask for? Continued existence? But what of sensation? Of desire? Of growth? Of the use of speech? The exercise of thought? Which of these, thinkest thou, is a thing to long for? But if these things are each and all of no account, address thyself to a final endeavour to follow Reason and to follow God. But it militates against this to prize such things, and to grieve if death comes to deprive us of them.

32. How tiny a fragment of the boundless abyss of Time has been appointed to each man! For in a moment it is lost in eternity. And how tiny a part of the Universal Substance! How tiny of the Universal Soul! And on how tiny a clod of the whole Earth dost thou crawl! Keeping all these things in mind, think nothing of moment save to do what thy nature leads thee to do, and to bear what the Universal Nature brings thee.

33. How does the ruling Reason treat itself? That is the gist of the whole matter. All else, be it in thy choice or not, is but as dust and smoke.

34. Most efficacious in instilling a contempt for death is the fact that those who count pleasure a good and pain an evil have nevertheless contemned it.

35. Not even death can bring terror to him who regards that alone as good which comes in due season, and to whom it is all one whether his acts in obedience to right reason are few or many, and a matter of indifference whether he look upon the world for a longer or a shorter time.

36. Man, thou hast been a citizen in this World-City, what matters it to thee if for five years or a hundred? For under its laws equal treatment is meted out to all. What hardship then is there in being banished from the city, not by a tyrant or an unjust judge but by Nature who settled thee in it? So might a praetor who commissions a comic actor, dismiss him from the stage. But I have not played my five acts, but only three. Very possibly, but in life three acts count as a full play. For he, that is responsible for thy composition originally and thy dissolution now, decides when it is complete. But thou art responsible for neither. Depart then with a good grace, for he that dismisses thee is gracious.

图书在版编目（CIP）数据

沉思录 / （古罗马）奥勒留（Aurelius，M.）著；梁实秋译. — 南京：江苏人民出版社，2014. 6（2023.5 重印）

（含章文库）

ISBN 978-7-214-12106-6

Ⅰ. ①沉… Ⅱ. ①奥… ②梁… Ⅲ. ①斯多葛派—哲学理论 Ⅳ. ①B502.43

中国版本图书馆CIP数据核字（2014）第054678号

书　　名	沉思录
著　　者	马可·奥勒留
译　　者	梁实秋
责任编辑	刘　焱
出版发行	江苏人民出版社
地　　址	南京市湖南路 1 号 A 楼，邮编：210009
印　　刷	天津旭丰源印刷有限公司
开　　本	880 mm × 1 230 mm　1/32
印　　张	11
插　　页	4
字　　数	250 000
版　　次	2014 年 6 月第 1 版
印　　次	2023 年 5 月第 2 次印刷
标准书号	ISBN 978-7-214-12106-6
定　　价	45.00 元

（江苏人民出版社图书凡印装错误可向承印厂调换）